멘토북 시리즈 1

세상에 빛을 밝힌 인물

Mentor Book Series **1** 세상에 **빛**을 밝힌 인물

초판 1쇄 발행일 | 2023년 3월 3일

지은이 | 지식의숲 집필위원
펴낸이 | 박명옥
펴낸곳 | 지식의숲 출판사
총괄기획 | 강정진
책임편집 | 조유경
협력기관 | (사)국제문화기술진흥원

출판등록 | 2021년 3월 12일 제2021-000041호
주소 | 05719 서울특별시 송파구 송파대로 260 502호
전화 | 02)407-7710   **팩스** | 02)407-7740
이메일 | kfbookmn@gmail.com

ⓒ 지식의숲 집필위원, 2023
ISBN 979-11-981547-1-2 (04080) ISBN 979-11-981547-0-5 (04080) 세트

※ 이 책은 저작권법에 따라 보호받는 저작물이므로 무단 전재와 복제를 금합니다.
※ 이 책의 전부 또는 일부를 이용하려면 반드시 지식의숲 출판사의 동의를 받아야 합니다.

아름답고 건강한 사회를 위한 **1**
멘토북 시리즈

세상에 **빛**을 밝힌 인물

 유일한
 장기려
이태영

지식의숲
집필위원

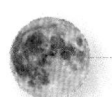

"이 책은 당신이 인생에서 가치 있는 목적을 찾을 수 있도록 돕기 위해 만들어졌습니다.

멘토들이 걸어온 길을 여행하고 내일이 더 뜻깊은 삶을 그려나가 보세요."

서문

 이 책은 자기 분야의 성공과 함께 사회봉사와 환원을 통하여, 모든 계층에게 선한 영향력을 끼치는 인성(人性)을 지니며, 누구에게나 인생의 멘토가 되는 '세상에 빛을 밝힌 인물'의 삶을 담았습니다. 그들의 삶의 발자취를 들여다봄으로써 '아름답고 건강한 사회'를 구현하는 첫발을 내딛고자 합니다.
 또한 청소년들에게 건강한 꿈과 희망을, 성인들에게는 자신의 삶과 목표를 되돌아보고 변화를 도모하는 **전환점(Turning Point)**이 되기를 희망합니다.
 인간은 태어나 죽을 때까지 결혼 여부에 따라 다소 차이는 있으나, 크게 다섯 차례(출생·20대·40대·60대·영면)의 평가를 받는다고 감히 생각해 봅니다. 본 도서는 '출생~10대', '20~30대', '40~50대', '60~영면' 그리고 '영향, 가치'로 구분하여, 인물의 업적과 생각의 변화를 서술했습니다.

자신의 삶을 점검하고 주변을 살피는 묵상의 시간이 누구에게나 필요합니다. 본 도서를 선택하여 읽는 순간 '나의 삶은 무엇을 위해 살아가는가?'라는 생각을 하게 될 것입니다.

'세상에 빛을 밝힌 인물' 도서는 멘토북 시리즈(Mentor Book Series, MBS)로 발간될 예정입니다. 이 작은 MBS 한 권 한 권이 깊은 산골의 어린 아이부터 성공한 부유계층에까지 전달되길 바라는 마음을 담아 기획하였습니다. 이 책이 개인의 생각과 마음을 아름답게 변화시키고, 정답고 건강한 사회로 나아가길 희망합니다.

특별히 공공도서관, 초중고대학생, 기업체 그리고 사회 각 계층에 보급되어, 모두가 '아름답고 건강한 사회 구현'을 위한 지침서로 활용되길 바라오며, 여러분 모두가 건강과 축복된 삶이 되시길 소망합니다.

2023년 1월
(사)국제문화기술진흥원 원장
강정진

추천사

¹ "좋은 나라가 되려면 훌륭한 인물 못지않게
그들을 존중하는 사람이 많아야 한다."

　인적자원이 자연자원만큼이나 중요하다는 것은 대부분이 인정하는 사실이다. 오늘날엔 능력 많고 부지런해서 '큰 것'을 성취하는 사람들이 중요하게 여겨지지만 사실 그런 인물만으로는 부족하다.
　다수가 존경하고 본보기로 삼고 싶은 인물, 자기가 맡은 일을 충실히 감당하되 도덕적으로 흠이 없고 무엇보다도 공익과 약자를 위해서 사익을 희생하는 인물이 많아야 한다. 또 그런 인물들은 대부분 나라가 큰 고난을 겪을 때 많이 나타난다. 감사하게도 우리나라에는 국민이 하나같이 존경할 수 있는 위대한 인물들이 적지 않다. 그럴 수 있는 문화적 토양이 있는 데다 고난이 극심했던 시절이 많았기 때문일 것이다.

우리나라에는 본받을 만한 인물들이 많은데도 그 좋은 교육적 자원을 제대로 활용하지 못하고 있다. 미국 캘리포니아주에는 "도산 안창호 기념 교차로"가 있고 리버사이드 시의 한복판에 안창호 선생 동상이 서 있는데, 정작 서울 도산로에는 모든 행인이 볼 수 있는 도산 동상은 없다. 바로 이런 약점을 보완하는데 최초로 발간되는 '세상에 빛을 밝힌 인물' 시리즈가 꼭 필요하고 중요한 역할을 할 것이다.

가능한 많은 분들이 여기에 소개된 인물들의 삶과 업적을 읽고 감동을 받아 개인의 건전한 인품과 나라의 건강한 발전에 도움이 되기를 바란다. 그것이 그분들을 가장 잘 기리는 일인 동시에 그분들이 가장 원하는 것이라 믿는다. 적극 추천한다.

서울대학교 명예교수 (성산장기려박사기념사업회 이사장)

손봉호

[2] "독자의 눈높이에서 배우는 인물 이야기"

  이 책은 한국 사회에서 오랜 기간 귀감이 되어온 인물들의 일생을 소개한 전기입니다. 기업인, 의료인, 법조인, 정치인, 예술인 및 종교인까지 다양한 분야의 인물들이 개인적인 성공과 함께 사회적 영향력을 끼친 과정을 흥미롭게 다루었습니다. 각 인물의 행적을 연령대에 따라 정리하고 생생한 대화를 섞으며 역동적으로 그려내고 있습니다.
  따라서 독자는 인물들의 성장 과정을 자신과 같은 나이대의 눈높이에서 비교해 보며 '자신의 삶'을 되돌아볼 기회를 얻을 수 있습니다.
  인물의 전기는 어린 시절에만 읽는 것이 아닙니다. 청소년들은 고난을 극복하고 스스로 삶을 개척해 나간 인물들의 모습에서 감동과 교훈을 얻습니다.

그러나 어른이 되어 인물전을 읽게 되면 어린 시절과는 다른 심오한 '삶의 지혜'와 남은 미래를 다시금 설계할 '용기'를 얻기도 합니다.

아무쪼록 독자들이 '세상에 빛을 밝힌 인물'들의 삶에서 많은 배움을 얻기를 바랍니다.

동반성장연구소 이사장 (전 국무총리, 전 서울대학교 총장)
정운찬

차례

서문   6
추천사 1·2   8

1장 "노블레스 오블리주의 상징 유일한"   19

1. 어린 시절(Childhood) ^{출생~10대(1895~1915)}
   세상에 아름다운 향기를 풍겨라   20
   미국 생활의 시작   25
   성장이 주는 것들   27

2. 도약(Leap) ^{20~30대(1915~1935)}
   대학 시절과 한인자유대회   35
   젊은 날의 도전과 성공   39
   머나먼 귀향길   43
   두 가지 결심   45
   유한양행의 시작   48
   광고로 변화를 꾀하다   52
   안티푸라민 개발   56
   변함 없는 신념   59

3. 정신(Mind) ^{40~50대(1935~1955)}
   계속되는 도전과 위기   62
   미국에서의 독립운동   65

광복과 귀국		68
다시 미국으로		70
한국전쟁 발발		72
재도약하는 유한양행		74

4. 환원(Return) ^{60대~영면(1955~1971)}

부정을 거부하다	76
기업공개와 주식상장	78
사회기업인의 정신	80
교육자의 마음	84
떠나는 길에서	90

5. 영향(Influence) ^{현재}   94

2장 "한국의 슈바이처 장기려"   101

1. 어린 시절(Childhood) ^{출생~10대(1911~1931)}

할머니의 금강석	102
방종한 생활	105
인생의 전환점	108

2. 변화(Change) ^{20~30대(1932~1952)}

백인제 박사의 제자	112
텃세 속에서도 싹 틔운 연구	116

무의촌 진료와 성서사건	120
이념과 신앙의 간극	123

3. 신념(Belief) ^{40~50대(1953~1973)}

6·25전쟁과 이별	126
부산에 정착하다	133
굽히지 않는 신념	137
새로운 발돋움	143
변화를 일으키며	148
부산모임과 청십자의료보험	152
청십자의 시행착오와 성장	156
복음병원의 혼란	160

4. 가치(Value) ^{60대~영면(1974~1995)}

옥탑방 원장	163
평화와 희망을 위하여	167
그리움을 누르고	175
성탄절에 떠난 성자^{聖者}	178

5. 신앙(Faith) ^{현재} 184

3장 "한국 최초의 여성 변호사 이태영" 189

1. 어린 시절(Childhood) ^{출생~10대(1914~1933)}
   - 태산 같은 어머니 190
   - 맹꽁이 웅변상 193
   - 어려운 사람을 돕는 변호사 195
   - 영변에서 평양으로 196
   - 이화여전 특대생 198

2. 성장(Growth) ^{20~30대(1934~1953)}
   - 제2세대 인형 203
   - 무명 10필의 결혼식 205
   - 안창호 선생의 강연회 210
   - 5년간의 옥바라지 213
   - 민족운동가 아내의 굽은 손가락 215
   - 녹슬지 않는 칼 219
   - 보따리를 바꿔 맵시다 222
   - 서울대 법학과 아줌마 대학생 227
   - 암탉이 울면 새벽이 온다 229
   - 6.25 전쟁 발발 230
   - 법조인이 되다 232
   - 여성판사는 시기상조 233
   - 불평등한 인습에 맞서다 237

3. 도약(Leap) 40대~50대(1954~1973)

   청중을 사로잡은 지원유세   239
   여성법률상담소 개소   241
   계속되는 노력   244
   군사 쿠데타와 연금생활   248
   이화여대 법정대학장   249
   대통령 선거 찬조연설   250
   김대중 납치사건에 놀라다   254

4. 성과(Result) 60대~영면(1955~1998)

   3·1 민주구국선언   256
   막사이사이상 수상   257
   여성백인회관 건립   259
   영원한 동반자를 잃다   261
   미국에서의 활동   262
   테레사 수녀를 만나다   264
   결실을 맺은 가족법개정   266
   어머니가 떠나는 길   267

5. 가치(Value) 현재   270

   참고자료   274

본문의 색깔 표시는?

▓ "중요한 내용이나 역사적 배경"

▓ "사람의 이름"

▓ "단체 혹은 회사명"

각 장의 마지막 페이지에 QR코드가 수록되어 있습니다. 카메라로 촬영해 인물에 대해 더 자세히 알아보세요.

기업에서 얻은 이익은
그 기업을 키워 준 사회에
환원하여야 한다.

1장

유일한
Ilhan New

기업가
유한양행 설립자
교육사업
독립운동
사회환원
투명한 경영

1895~1971

어린 시절 | Childhood |

세상에 아름다운 향기를 풍겨라 | 청일전쟁의 거센 비바람 속에서 한 남자아이가 태어났다. 때는 1895년 1월 15일, 평양에서였다. 아버지 유기연과 어머니 김기복은 장남의 탄생을 기뻐하며 아이의 이름을 '유일형'이라 지었다.

"일형아, 네 이름의 뜻은 세상에 아름다운 향기를 멀리까지 전하라는 뜻이란다. 알겠지?"

당시 아버지 유기연은 새로운 문물과 사상에 대한 개화에 호의적이었다. 지방에서 올라와 작은 점포를 열고 농산물과 해산물 도매를 시작했는데, 적응력이 뛰어나서 하루가 다르게 변하는 당시 상황에도 발 빠르게 대처해나갔다.

그는 틈틈이 시장조사를 하며 취급하는 물품을 늘려갔고, 나

중에는 독일제 재봉틀을 파는 수입 잡화상으로 성장했다. 개화의 바람이 의복에도 크게 불어닥칠 것이라 예상했을 땐 일곱 살 된 장남을 양잠 학교로 보내 누에를 치고 실을 뽑는 기술을 배우게 했다.

그렇게 아버지의 뜻대로 양잠을 가업으로 이어갈 뻔한 유일형의 앞날은 한 인물로 인해 바뀌었다. 바로 미국인 의료선교사 윌리엄 홀[1]이었다. 유기연은 아들이 태어나기 전부터 기독교인들과 가깝게 지내던 중 우연히 홀을 알게 되었다.

당시 홀은 진료소를 찾은 조선인 환자들과 청일전쟁에서 상처 입은 군인들을 따뜻하게 돌보던 헌신적인 의사였다. 그러나 유일형이 태어나기 두 달 전인 1984년 초겨울, 자신의 몸을 아끼지

[1] 한국 이름 마포삼열(William James Hall), 캐나다 출신의 의료선교사

않고 환자를 치료하던 중 안타깝게 세상을 떠나고 말았다. 말라리아에 걸린 상태로 과로를 하면서 심신이 약해졌는데 여기에 발진티푸스까지 발병한 것이다.

유기연은 인종과 국적을 초월한 홀의 희생정신에 깊이 감명받았고, 이후로도 기독교 인사들과 활발한 교류를 이어나갔다. 덕분에 선교사 새뮤얼 모펫으로부터 세례를 받을 수 있었다.

그리고 소위 '깨어있는 사람들'과 소통하다 보니 앞서나가는 서양과 일본의 발전, 외세에 힘없이 흔들리는 조국의 암담한 현실을 알게 되었다.

유기연은 아들의 손을 잡고 민족주의자들의 강연회를 찾아다녔다. 어린 아들에게 조국의 위태로운 현실과 배움의 중요함을 일깨우기 위해서였다.

"일형아, 우리가 왜 러시아나 일본 같은 나라에 당하고만 있는지 아니? 우리는 그들만큼 힘이 없기 때문이야. 힘을 기르려면 배워야 해. '지피지기면 백전백승'이라는 말을 아버지가 가르쳐 준 적 있지?"

"네, 아버지. 적을 알고 나를 알면 백번 싸워 백번 이긴다는 뜻이죠?"

"맞다. 너는 열심히 배워서 조국을 위하는 인재가 되어야 한다."

"알겠어요, 아버지."

그 시기 평양에는 러시아와 일본 사이에 전쟁이 벌어질 거라는 소문이 돌았다. 한반도에서 벌어진 청일전쟁으로 인해 피난 생활을 경험한 유기연의 눈앞이 깜깜해졌다. 그때 미국 감리회에서 유학생을 선발한다는 말이 들려왔다. 귀가 쫑긋해 여기저기 방법을 알아보던 그는 오늘날의 외교관 대한제국 순회 공사 박장현[2]이 미국을 거쳐 멕시코로 부임한다는 소식을 접했다.

"이대로 가다간 나라의 국권이 흔들리게 될 거요. 그전에 일형이를 미국으로 보내야겠소."

"여보, 무슨 말씀이세요? 어린애를 아는 사람도 없고 말도 안 통하는 이역만리[3] 미국으로 보낸다니요?"

"물론 쉽지 않겠지. 그러나 어리니까 더 잘 배울 수 있을 거요. 더 발전된 큰 나라에 가서 교육받을 이런 기회가 자주 오는 게 아니오."

1904년 봄날, 유일형은 아버지를 따라 사진관을 찾았다. 새 양복을 갖춰 입고 머리에는 기름을 발라 양쪽으로 가르마를 냈다.

"자, 찍습니다. 하나, 둘, 셋!"

펑! 환한 마그네슘 플래시가 터지고 하얀 연기가 피어올랐다. 아버지는 벽에 걸린 사진들을 가리키며 말했다.

"보아라, 일형아. 사람이 손으로 그리는 그림보다 더 빠르고 또 똑같지 않니? 미국으로 가서 그들의 앞선 기술과 학문을 배워 오너라. 그래서 조선을 서양처럼 발전된 나라로 만들어다오."

[2] 개명 전 이름은 박희병
[3] 다른 나라의 아주 먼 곳

아버지 유기연과 아들 유일형

미국 유학 시절의 유일형

　기념사진을 남긴 부자는 가족들과 함께 오백 리가 넘는 거리의 한성으로 향했고, 거기서 경인선을 타고 인천역으로 향한 뒤 어렵사리 제물포에 도착했다. 그런데 유일형이 오가는 뱃사람과 승객들로 북적이는 항구의 풍경에 시선을 빼앗긴 사이, 아버지는 무언가를 아들의 품에 숨기듯 밀어 넣었다.
　"이게 뭐예요, 아버지?"
　아버지는 조심스럽게 좌우를 빨리 살피고는 나직한 소리로 아들의 귀에 속삭였다.

"금붙이다. 정말 급할 땐 이걸 팔아서 쓸 수 있을 거다. 이건 절대 품에서 떨어뜨려서도 안 되고, 남들 앞에 보여서도 안 된다."

어머니는 옷가지와 간식을 넣은 가방을 아들에게 챙겨주면서 옷고름으로 눈물을 닦았다. 승객들의 승선을 재촉하는 뱃고동이 울리자 유일형도 참고 있던 눈물을 터뜨렸다.

"아버지, 어머니……."

유일형은 박장현의 큼지막한 손에 이끌려 여객선에 올랐고, 가족들의 모습을 한 번이라도 더 보기 위해 난간에 매달려 손을 흔들었다.

시커먼 연기를 뿜으며 출발한 배는 뒤도 돌아보지 않고 바다를 향해 나아갔다. 언제쯤 돌아올 수 있을지 장담할 수 없는 여정을 시작한 나이, 겨우 아홉 살이었다.

미국 생활의 시작 | 배는 파도를 타고 상하이와 홍콩, 하와이를 거쳐 미국 본토로 향하고 있었다. 발밑은 쉬지 않고 출렁거렸고 동그란 창문 밖으로 보이는 풍경이라고는 파란 하늘과 끝없이 펼쳐진 바다뿐이었다. 지루한 건 물론 음식도 입에 맞지 않고 잠자리도 불편했다.

그러나 아홉 살 아이에게 가장 힘든 일은 무엇보다 가족들과 떨어졌다는 현실과 외로움이었다. 며칠간은 홀로 훌쩍이는 소리에 옆자리 승객으로부터 시끄럽다며 욕을 먹기도 했다.

한 달여의 긴 항해가 끝나고 배가 샌프란시스코의 거대한 항구에 닿았을 때, 부지런히 짐을 챙기던 유일형은 사색이 되었다.

'금붙이! 아버지가 주신 금붙이가 없어졌어!'

아버지의 당부대로 늘 품에 지녔던 금붙이였다. 그러나 누가 훔쳐 갔는지조차 알 수 없었다. 유일형은 끝내 금붙이를 찾지 못하고 터덜터덜 배에서 내려 박장현의 조카 박용만[4]을 마주했다. 일찍이 개화에 눈을 뜬 젊은 지식인은 울상이 되어있는 아이의 작은 손을 따뜻하게 잡아줬다.

세 사람은 다시 대륙 횡단 열차에 올라 미국 콜로라도 주의 덴버로 향했다. 박장현과 그의 조카는 유니언 역 근처에 직업소개소와 작은 여관을 차렸다. 미국으로 건너온 한인들에게 일자리를 주선하고 지낼 장소를 마련해 주기 위해서였다.

그 사이 유일형도 초등학교에 입학했다. 물론 적응은 쉽지 않았다. 학교와 거리에는 자신과 눈과 피부, 머리카락 색이 다르고 키가 큰 '낯선' 사람들뿐이었다. 수업 시간엔 구불구불한 글자가 가득한 책으로 공부를 해야 했고 학교 친구들과는 말도 잘 통하지 않았다. 박장현과 조카가 바쁜 와중에 틈틈이 살펴주었으나 엄마의 세심하고 따뜻한 손길과 비교할 수 없었다.

유일형은 매일매일 고향과 가족을 그리워했다. 어느 날엔 빵이 입에 물려 따뜻한 쌀밥이 먹고 싶었다. 다른 날엔 고추장이 너무도 먹고 싶어서 중국 노동자들이 일하는 철도공사장에 찾아갔다가 엉뚱하게 토마토케첩을 얻어먹은 적도 있었다.

[4] 일제강점기 한성임시정부 외무총장 등을 역임한 독립운동가

그러던 중 러일전쟁에서 승리한 일본이 을사늑약을 맺어 대한제국의 외교권을 빼앗았다는 충격적이고 슬픈 소식이 들려왔다. 아버지의 사업 또한 고국의 운명을 따라 함께 기울었다. 집안 사정이 얼마나 안 좋아졌는지 유학 2년째부터는 한 푼의 학비도 보내지 못했다. 만약 박장현과 박용만의 도움이 없었다면 유일형은 무일푼의 고아가 되었을지 모를 일이었다.

그런데 1907년 6월에 박장현이 위암으로 안타깝게 세상을 떠나며 변화가 찾아왔다. 그와 조카는 당시 덴버 직업소개소를 중심으로 한인사회를 형성하고 자금을 모으며, 조국의 국권 회복과 애국 운동을 위해 애쓰고 있었다[5].

갑자기 삼촌을 떠나보낸 박용만의 고민이 깊어졌고, 이듬해 **미국 중부 네브래스카 주의 도시 커니**^{Kearney}**로 향했다.** 당연히 그의 곁에는 어린 유일형이 있었다.

성장이 주는 것들 | 네브래스카 주립대학 입학을 앞둔 박용만은 어린 유일형을 독실한 기독교 집안인 터프트^{Tufft} 가에 맡겼다. 그 집엔 60대의 부인과 30대의 독신 자매 **엘리자베스**와 **이사벨**이 살고 있었다.

"아, 안녕하세요, 저는, 한국에서 온 유, 유일형입니다. 잘 부탁드립니다."

서툰 영어로 더듬더듬 자기소개를 마친 유일형은 곧 박용만의

---

[5] 덴버시에서는 두 사람의 직업소개소에 대한 사람들의 신뢰가 두터웠고, 시 당국은 '노동자들의 치안을 책임'지는 자치 경찰의 임무를 맡겼다.

등 뒤로 몸을 숨겼다.

"오, 어서 와요. 환영해요."

낯선 나라에서 온 수줍음 많은 소년이 귀여웠는지, 자매는 유일형을 'Little New(리틀 유)'라고 부르며 기쁘게 맞았고 주변 이웃들에게도 소개했다.

커니는 네브래스카를 가로지르는 플랫Platte 강변의 작은 농촌으로 주민들은 옥수수 등의 농작물을 길러 생계를 유지했다. 시끌벅적한 도시와는 너무도 다른 환경이었다.

미국 유학 시절의 모습 (아랫줄 오른쪽)

유일형은 자매의 따뜻한 보살핌 덕분에 어렵지 않게 적응할 수 있었다. 학년이 올라가면서부터는 영어도 유창해졌고 수업 진도도 금방 따라잡았다. 자연스레 또래 친구들과 어울리기 시작했다. 점차 미국의 합리주의 문화에 익숙해졌고, 자매의 검소하고 근면한 생활방식도 몸에 익었다.

그는 낮과 밤을 가리지 않고 공부에 열중했다. '도움을 받으면 보답해야 한다'는 부모님의 가르침을 잊지 않고 시간이 날 때마다 집안일과 농사를 도왔다. 중학교에 들어가고부터는 경제적 자립을 위해 신문팔이도 시작했다.

그 무렵 박용만은 네브래스카 주 정부에 군사학교 설립 허가를 받고 커니의 한 농장에 한인소년병학교를 세웠다. 그리고 만주 등지에서 민족운동을 전개할 독립군의 지도자 양성을 목표로 장교 후보생을 모집했다.

"저도 한인소년병학교에 입학하고 싶어요."

"군사 훈련이 생각보다 힘들 텐데, 괜찮겠니?"

"저희 아버지께서 저를 미국으로 보내신 이유는 조국을 위한 인재가 되라는 거였죠. 저도 조국을 위한 일에 동참하고 싶어요."

"벌써 그런 생각을 하다니 기특하구나."

"저도 이제 열네 살인걸요."

그해 유일형을 포함해 총 열세 명의 아이들이 방학을 맞아 학교에 입학했다. 아이들은 낮에는 농장에서 일하며 밤에 군사 훈련을 받았다. 유일형은 틈틈이 공부도 하고 신문 배달을 하며 생활비를 벌었다.

한인소년병학교 시절 (맨 아랫줄 오른쪽 끝)

 1911년의 어느 날, 헤이스팅스 고등학교에 입학한 유일형은 또래보다 체격이 작아 백인 학생들의 차별과 괴롭힘의 대상이 되고는 했다. 참다못한 그는 자신을 괴롭힐 엄두도 못 내게 힘과 체력을 길러야겠다고 생각했고, 곧장 학교 미식축구팀을 찾아갔다.
 그러나 몸집이 작은 아시아 선수를 감독은 물론이고 동료들 또한 고운 눈으로 보지 않았다. 유일형은 늘 후보 선수 신세였지만 기죽지 않고 꿋꿋하게 훈련에 임했다.
 몇 달이 지나고 학교의 명예가 걸린 미식축구 경기가 열렸다. 유일형의 팀은 상대 팀의 거칠고 능숙한 플레이에 부상자가 속출하며 고전을 면치 못하고 있었다.
 "일형, 선수 교체다. 준비해라."
 감독은 뛸 수 있는 선수가 없자 큰 기대 없이 유일형을 필드로

내보냈다.

'이 기회를 놓치면 안 돼!'

일형은 자신을 얕잡아보며 들소처럼 달려드는 선수들 사이를 날쌔게 뚫고 필드를 가로질렀다. 그의 손에 꼬옥 쥐어진 볼이 골라인을 넘기는 순간, 심판의 외마디가 경기장에 울려 퍼졌다.

"터치다운^{Touchdown}!"

예상치 못한 역전승이었다. 경기장에 있던 모두가 열광했다. 동료들은 유일형에게 달려들어 하늘 높이 헹가래를 쳤다. 농사와 군사 훈련으로 다진 체력, 그리고 하루도 훈련을 게을리하지 않은 노력이 빛을 발한 순간이었다.

고등학교 시절 미식축구팀 (아랫줄 가운데)

그날부로 그는 축구팀의 주전으로 발탁되고 센터 포워드(중앙 공격수)로 뛰어난 활약을 시작했다. 여기에 우수한 성적까지 더해지니 선생님들의 신뢰가 따라왔다. 이제 누구도 학업과 운동 모두가 뛰어난 학생을 '몸집이 작은 아시아인'이라고 깔보지 못했다.

고등학교 2학년을 마칠 무렵, 유일형은 신체뿐만 아니라 정신적으로 많이 성장했다. 그는 터프트 가를 나와 경제적으로 독립을 했는데, 생활비와 학비를 벌기 위해 신문 판매부터 구두닦이, 레스토랑 종업원 등 안 해본 일이 없었다.

신문 배달을 하던 어느 날, 보급소 소장이 타자기로 그의 영문 이름을 치다가 실수로 '일한'이라고 친 일이 있었다. 그는 화를 내거나 정정을 하기보다 다른 생각을 했다.

'일한, 유일한! 한자로 쓰면 '一韓'인가? 한국인 이름인 것 같아서 더 좋은데?'

조국을 떠오르게 하는 이름이었다. 그는 먼저 아버지께 개명 소식을 알렸다. 부모님이 지어주신 이름을 마음대로 바꾼다니, 당시에는 누구도 쉽게 이해하지 못할 일이었다. 그러나 놀랍게도 아버지는 아들의 생각을 받아들였다. 한술 더 떠 자식들의 이름에 '한' 자를 넣어 항렬을 고쳤다. 이는 장남에 대한 무한한 신뢰와 조국을 생각하는 마음이 있었기에 가능한 일이었다.

어린 시절 — Childhood

1895년	1904년	1909년
1월 15일	8월 24일	6월
▼	▼	▼
6남 3녀 중 장남으로 출생	미국 유학 초등학교 입학	한인소년병학교 입학

대한제국	
	1904년 러일전쟁 발발
	1905년 을사늑약 체결

그런데 유일형이 고등학교 졸업을 앞두고 대학 진학을 준비하던 시기, 돌연 '귀국을 제안'하는 편지 한 통이 날아들었다. 아버지가 보낸 편지였다.

당시 평양의 가족들은 국권 피탈 이후 일제를 피해 북간도의 연길로 떠났으나 타지 생활은 만만치 않았다. 더구나 **장남은 미국, 둘째 아들은 러시아에, 셋째 아들은 중국에, 다섯째 아들은 일본으로 각각 유학을 보낸** 상황이라 부모님의 고민은 깊어졌다. 부모님은 결국 편지 한 통에 '장남이 돌아와 가족의 곁을 지켜주길 바라는 마음'을 실어 보낸 것이다.

'지금 돌아가는 게 맞는 걸까? 이번에 가게 되면 다시 미국에 올 수 있을까?'

유일한은 고민에 빠졌다. 당장이라도 달려가 가족들을 돕고 싶었지만, 가슴에 품은 포부를 내려놓고 싶지는 않았다. 그래서 그간 여러 도움을 받아온 상담교사에게 속마음을 털어놓았다.

"미국에서 가족들을 도울 방법을 찾아보는 건 어때?"

1910년	1911~1915년
▼	▼
평양의 가족 만주 북간도로 이주	헤이스팅스 고등학교 입학과 졸업

일제강점기 | 1914년 제1차 세계대전 발발

상담교사는 은행에서 100달러(당시 가치로 약 450만 원)를 빌려 가족에게 보내라고 제안했다. 당연히 여기에는 상담교사의 보증과 '열심히 일을 해 돈을 갚겠다'는 약속이 필요했다.

유일한은 좋은 방법이라고 생각했고 바로 상담교사와 함께 은행을 찾아갔다.

물론 대학 진학은 잠시 미뤄질 수밖에 없었다.

도약 | Leap | : 20~30대

대학 시절과 한인자유대회 | 유일한은 빚을 갚고 학비를 벌기 위해 디트로이트에 있는 에디슨 전기회사의 변전소에 취직했다. 첫 사회생활이 쉽지만은 않았지만, 학창 시절부터 아르바이트로 근면과 성실을 몸에 익혀 왔었다. 그는 시간 외 근무까지 하며 마침내 1년 만에 대출금을 전부 상환해냈다.

그리고 1916년에는 그간 염원해 마지않던 미시간대학교의 상과[6]에 진학했다.

'나도 언젠가 학비가 없는 학생들이 마음껏 공부할 수 있도록 도와야지.'

스무 살 청년은 이렇게 다짐하며 청운의 푸른 꿈을 키우기 시작했다. 대학이 있는 앤아버$^{Ann\ Arbor}$로 이주한 그는 스스로 학자금과 생활비를 벌기 위해 공부와 일을 병행했다. 그러나 공부할 시간이 부족하다고 느끼고 방법을 궁리하다가 어린 시절 아버지의 일을 떠올렸다. 그것은 바로 '장사'였다.

당시 미시간 대학이 자리한 앤아버 지역에는 중국인을 비롯한 동양인들이 많이 거주하고 있었는데, 특히 미 대륙의 동부와 서부를 잇는 횡단철도 건설을 위해 온 중국 이민자들이 많았다. 유일한은 그들에게서 오랜 시간 고국을 떠나있는 자신의 모습을 발견했다.

[6] 商科. 상업에 관한 교과목

'그래, 나도 처음 미국에 왔을 때는 고향 생각이 너무 났었지. 저들의 타향살이를 달래줄 수 있는 물건들을 한번 팔아보자.'

그의 생각은 적중했다. 향수에 젖은 중국 이민자들은 젊은 동양인이 파는 중국 제품에 큰 관심을 보였다. 그는 처음에 손수건과 같은 생활용품을 팔다가 점차 장식이나 카펫으로 판매 물품을 늘려나갔다. 학업에 방해가 되지 않는 시간에만 장사를 했는데도 시간제 아르바이트로 버는 돈보다 몇 배를 벌어들였다.

이렇게 청년 장사꾼이 경제적인 여유와 사업적인 경험을 쌓던 시기, 고국이 처한 상황은 모두의 바람과는 완전히 다른 방향으로 흘러가고 있었다.

대한제국은 한일합병조약에 따라 국권을 상실하고 말았다. 조선 초대 총독으로 임명된 데라우치 마사타케[7]는 무단통치를 강화하고 모든 집회와 언론의 자유를 빼앗았다. 일제가 설립한 동양척식주식회사[8]가 조선의 토지와 자원을 수탈하기 시작하면서 삶의 터전을 잃은 농민들이 북만주와 연해주 등지로 유랑하게 되었다.

1919년 3월 1일, 일제의 지배에 항거하는 조선인들이 조선의 독립을 외치며 거리로 뛰쳐나왔다. 역사적인 사건, '3·1운동'의 시작이었다.

"대한 독립 만세!"

---

[7] 일본의 군인이자 정치가, 조선의 국권 강탈의 기초를 세운 인물로 헌병 경찰 통치를 펼쳤다.
[8] 1908년 일본이 조선의 토지와 자원을 수탈하기 위해 영국의 '동인도 회사'를 본떠 만든 기구

독립의 염원을 담긴 만세 소리가 한반도 전역에 울려 퍼졌다. 3·1운동의 물결은 일제의 폭력적 진압에도 멈추지 않고 바다를 건너 미국으로 향했다.

대학 졸업을 앞둔 유일한은 박용만의 편지를 받고 1919년 4월 13일 필라델피아의 리틀 극장으로 향했다. 서재필 박사[9]가 주선한 한인자유대회에 참여하기 위해서였다. 한인 동포들을 중심으로 미국의 각계 유력인사와 후원자들을 초청하여 조선 독립의 의지를 다지는 자리였다.

당시 부전공으로 법학을 공부하고 있던 유일한은 결의 내용의 기초를 작성하게 되었다. 그는 두 명의 한인 학생과 함께 법적 효력이 있는 결의문에 조국의 꿈과 미래를 기약하는 내용과 신념을 담았다. 그리고 대회 현장에 서서 결의문을 낭독하고 통역했다.

"의장 각하! 그리고 의회 대의원 여러분! 제1차 한국독립연맹은 서방세계에서 미국의 구상을 인식하고, 이 나라와 다른 어느 곳에서든지 자기들의 목적을 구체화하고 열망을 명확히 하는 것이 한국인들을 위해서 필요하다는 사실을 실감하고 있으므로, 우리는 이를 감안하여 여러분의 승인을 얻기 위해 다음과 같은 결의문을 기초하여 제출합니다. 이제 나는 그것을 낭독하겠거니와 읽는 대로 채택되도록 추천될 것을 부탁드리겠습니다."

---

[9] 미국에서 활동한 독립운동가로 유일한의 정신적인 스승이었다.

한인자유대회 행진 후 미 독립기념관 앞에서 기념사진

1919년 4월 필라델피아 한인자유대회에 참가한 교포들

대회 마지막 날, 유일한은 서재필 박사의 태극기 행진에 따라 나섰다. 수백이 넘는 인파 속을 걸으며, 그의 가슴 한편에 자리한 애국심은 뜨겁게 불타올랐다.

'아홉 살 때 혼자 미국으로 건너와 지금까지 바쁘고 고달픈 나날을 보내느라 애국심을 품을 마음의 여유가 없었지.'

그날 이후 유일한은 조국과 민족의 앞날에 대한 생각이 많아졌다. 한인자유대회에서 한인 청년들과 어울리고, 미국에서 독립운동을 하는 애국 지도자들을 만나며 마음가짐이 달라졌다.

특히 이때 만난 서재필 박사와의 인연은 그의 인생에 많은 영향을 주었다.

미시간대 졸업사진 (가운데)

젊은 날의 도전과 성공 | 특별한 경험을 했던 그해 가을은 대학 졸업 시기였다. 유일한은 귀국과 미국에서의 취업 사이에서 후자를 선택했다.

'아버지께서 나를 미국으로 보내신 이유는 나라를 위한 인재가 되라는 뜻이셨지. 서재필 박사님이나 다른 동지들처럼 독립운동을 하는 것도 좋지만, 그건 내가 잘할 수 있는 일이 아니야. 내가

배운 지식을 활용해서 기업가가 되어 조국 독립을 도와야겠어.'

그렇게 찾은 첫 직장은 미시간 중앙철도회사였지만, 곧 뉴욕에 있는 제너럴 일렉트릭으로 옮겨 회계 일을 시작했다. 미국의 발명가 토머스 에디슨이 세운 회사인데 당시에 디젤 기관차 공장 운영 및 항공기 엔진, 의료 영상 설비를 생산하는 세계적인 기업이었다.

유일한은 '누구나 일하고 싶은' 직장에서 성실하고 책임감 있게 일했고 얼마 지나지 않아 능력을 인정받았다. 입사 2년 차에 아시아 지사의 책임자 자리를 제안받은 것이다.

그런데 모두의 예상을 깨고 유일한은 제너럴 일렉트릭에 사직서를 냈다.

"미스터 유, 사직서를 냈다는 게 사실이야? 아시아 지사 자리는 어쩌고?"

"그건 너무 고마운 제안이지만, 이제 내가 직접 사업을 할 때가 된 것 같아."

"사업을 직접? 어떤 사업인데?"

"흠, 그건……바로 숙주나물을 파는 사업이야!"

안정적인 미래를 뒤로하고 숙주나물 장사를 하겠다니 사람들은 반신반의했다. 그러나 유일한은 장사에는 귀천이 없다고 믿었다.

당시 미국에 중국인 노동자가 많이 들어오면서 중국 식문화가 전파됐는데 그중 중국식 만두는 미국 사람들도 즐겨 먹는 음식이었다.

하지만 나날이 늘어나는 수요에 비해 만두의 재료인 숙주나물을 생산하고 재배하는 곳은 턱없이 부족했다. 더구나 숙주나물은 쉽게 상하는 특징 때문에 보관과 유통이 까다로웠다.

'숙주나물을 팔기 위해선 이 문제를 해결해야 해.'

유일한은 숙주나물 농장을 부지런히 돌아다니며 공급처를 확보한 뒤 시내에 작은 가게를 열었다. 숙주나물은 소독한 유리병에 밀봉하고 신선도를 높였다. 이후 가게를 찾아오는 손님들을 상대로 숙주나물을 팔고, 틈틈이 가정집을 돌아다니며 제품 홍보를 했다.

그렇게 손님이 하나둘 늘어나던 1921년의 어느 날, 디트로이트 번화가 한복판에서 숙주나물을 싣고 달리던 트럭이 전복되는 사고가 났다. 아스팔트 위로 수백 개의 유리병이 우르르 쏟아져 굴렀고, 사방으로 흩어진 숙주나물과 깨진 유리 파편들로 도로가 한순간에 마비되었다. 얼마나 큰 사고였는지 신문에까지 실리게 되었다.

「숙주나물 차량 교통사고, 유리병 수백 개 흩어져
한때 교통마비, 숙주나물은 만두의 필수적인 재료」

조그만 기사 하나는 유일한의 숙주나물 가게를 미시간주의 화젯거리로 만들었다. 관심은 꼬리를 물고 미시간주를 전국 각지로 번져나갔다. 놀라운 전화위복이었다.

그런데 판매 지역이 미 전역으로 넓어지면서 예상치 못한 문제가 발생했다. 유통하는 과정에서 숙주나물이 햇빛과 온도에 의해 상하거나 유리병이 운반 도중 충격을 받고 깨지는 일이 빈번하게 일어났다. 모두 투명하고 깨지기 쉬운 유리병의 특징 때문이었다.

유일한은 문제를 해결하기 위해 과감히 유리병을 버리기로 했다. 그리고 '유리병을 대체할 수 있는 게 있을까?' 골몰하다가 번뜩 통조림을 떠올렸다. 동시에 숙주나물을 오래 보관할 수 있는 열처리법을 개발해 신선도까지 개선했다. 남은 일은 대량생산을 위한 생산시설을 갖추는 일이었다.

그는 디트로이트에서 식료품점을 운영하던 대학 동창인 월레스 스미스Wallace Smith를 찾아가 투자를 제안했다. 대학 시절부터 그의 사업적 재능을 눈여겨보고 있던 월레스는 제안을 흔쾌히 받아들였다.

신문에 실린 식품회사 라초이 건물

1922년, 두 사람은 함께 식품회사 라초이La Choy를 설립해 생산 공장을 건설하였다. 이때 유일한의 나이 27세였다.

머나먼 귀향길 | 1925년, 라초이의 숙주나물 통조림은 디트로이트·시카고를 넘어 뉴욕에서 날개 돋친 듯 팔리고 있었다. 그러나 반대로 미국 내의 숙주나물 재배 속도가 소비를 따라잡지 못해 통조림 생산에 차질이 생겼다. 유일한은 해결을 위해 해외 풀장에 나섰고, 중국과 아시아 등지를 오가며 숙주나물의 원료인 녹두를 대량으로 사들이기 시작했다.

'이렇게 작고 허름한 가게에서 그 많은 녹두를 공급할 수 있을까?'

그는 우연히 낡고 허름한 가게를 운영하는 곡물상 노인을 알게 되었다. 노인은 계약을 머뭇거리는 유일한을 집으로 초대했는데, 놀랍게도 집안 풍경은 허름한 가게와는 완전히 딴판이었다. 호화 저택 안에는 값비싼 예술품과 장식품이 가득했고, 주차장에는 고급 외제 자동차가 세워져 있었다.

유일한은 노인이 대접한 산해진미를 앞에 두고도 즐기지 못했다. 노인이 이중생활을 하는 이유를 눈치챘기 때문이었다. 바로 '탈세'였다.

'세금이 아까워 너 나 할 것 없이 이렇게 꼼수를 부린다면 나라가 부강해질 리가 없고, 그러니 중국처럼 큰 나라가 영국, 일본 같은 작은 섬나라에 휘둘리는 거야.'

그날의 경험은 유일한에게 '**세금은 국가와 경제를 움직이는 기반**'이라는 자신의 굳은 **신조**와 **신념**을 재확인하는 계기가 되었다.

유일한은 출장 일정을 마치고 다시 배에 올랐다. 파도를 가르며 나아간 뱃머리는 상하이에서 일본 나가사키 항구를 거쳐 부산항에 닿았다. 20여 년 만의 귀국이었지만 마냥 감상에 젖어있을 수는 없었다. 가족이 있는 북간도까지 가는 여정은 길었다. 그는 익숙하면서도 낯선 항구 풍경을 뒤로하고 경부선 기차에 몸을 실었다.

그런데 경성역에 도착해 짐을 내린 순간, 한 남자가 유일한의 팔을 덥석 잡고 뭐라 말을 걸었다. 하지만 그는 오랜 미국 생활로 조선말이 서툴렀고, 일본어는 아예 알아듣지 못했다. 남자는 어리둥절한 그를 다짜고짜 조선총독부의 경무국 고등계로 끌고 갔다. 독립운동에 조금이라도 연관이 있는 사람들을 조사하고 감시, 심할 땐 고문도 자행하는 곳이었다.

경무국 형사는 심문을 위해 경성 세관에서 일하던 예동식이라는 조선인을 데려왔다. 예동식은 '어디에 살고, 어떤 일을 하며, 조선에는 왜 왔는지' 같은 형사의 질문을 영어로 통역했고, 유일한은 그제야 형사가 자신을 왜 잡아 왔는지 깨달았다.

'혹시 필라델피아 한인자유대회에 참여한 사실을 알고 있는 건가?'

순간 등 뒤로 식은땀이 한줄기 흘렀다. 그는 침을 꼴깍 삼키며 마음을 진정시켰고, 형사의 날카로운 질문에도 내색하지 않고 침착하게 대답을 이어갔다. 덕분에 문제없이 경고만 받고 풀려날 수 있었지만, 그는 이날 이후로 독립이 되는 날까지 일본의 감시에 시달렸다.

"예동식 씨, 감사합니다. 선생님의 통역 덕분에 무사히 풀려나게 되었군요."

"별말씀을요. 그나저나 이제 가족을 만날 수 있어서 참 다행입니다."

"네, 선생님 연락처를 알려 주시면 제가 다시 귀국했을 때 꼭 연락드리겠습니다."

예동식의 연락처를 받은 유일한은 더 지체하지 않고 북간도를 향해 발걸음을 옮겼다.

두 가지 결심 | 드디어 가족을 만난 유일한은 부모님께 큰절을 올렸다.

"아버지, 어머니. 장남이 왔습니다."

아버지는 장남을 자랑스럽게 바라보았고, 어머니는 아들을 껴안고 말없이 울기만 하셨다.

아홉 살의 소년은 어느덧 서른 살의 청년이 되었다. 젊고 건강했던 아버지는 백발이 성성한 환갑의 나이가 되어있었고, 어머니의 얼굴에도 세월의 흔적이 묻어나 보였다.

'역시 오랜만에 뵙는 거라 어색하구나.'

유일한과 가족들 사이엔 떨어져 있던 시간만큼의 틈이 있었다. 당시 아버지는 다시 미국으로 돌아간다는 장남의 말에 실망을 드러냈다.

"언제까지 미국에 있을 셈이냐? 장남인 네가 가족들과 동생들 뒷바라지를 해야 하지 않겠니?"

"저도 곧 귀국해야지요. 하지만 아버지, 장남이라고 해서 가족을 책임져야 하는 것은 합리적이지 못한 것 같습니다. 그리고 아무리 동생이라고 해도 형에게 공짜로 도움을 기대하는 것은 잘못이지요."

안 그래도 한국말이 서툴러 소통도 어려운데, 유일한의 합리주의적 사고방식은 가족들을 당황스럽게 했다. 특히 형제들은 공사의 구분을 엄격히 하는 큰형의 모습을 보고 '쌀쌀하고 애정이 없는 형', '이방인' 같다고 느꼈다.

"사실 아버지 어머니께 축하를 받고 싶은 일이 있어요."

유일한은 어색한 분위기에서 말을 꺼냈다. 대학 때부터 교제하고 있던 중국계 의사 호미리와의 결혼 소식이었다. 그녀는 코넬대 의과대학을 졸업하고 동양인 여성 최초로 소아과 전문의 자격을 취득한 재원이었다.

역시나 국제결혼이 낯선 부모님은 당혹스러운 반응을 보였다. 그래도 서른이 넘은 아들의 나이를 생각해 반대하지는 않았다.

짧은 해후를 마친 유일한은 평양으로 향했다. 그리고 미국으로 돌아가기 전, 헤이스팅스 한인소년병학교에서 함께 훈련을 받았던 친구 구영숙[10]을 만나러 그가 일하는 세브란스병원을 찾아갔다.

---

[10] 한국 최초의 소아과 의사, 세브란스 의학전문학교 교수로 재직 중인 1934년 총독부에서 일본어 강의를 강제하자 사직하고 개인병원 의사로 활동했다.

그때 구영숙은 유일한이 귀국해 조국을 위해 힘써 주길 바라며 세브란스병원을 만든 올리버 에비슨 박사[11]를 소개했다. 에비슨 박사는 구영숙으로부터 유일한의 미국 생활을 듣고 여러 조언을 아끼지 않았다. 그리고 따끔한 충언도 남겼다.

"많은 미국인 의사나 선교사들이 본국에서의 편안한 생활을 마다하고 조선과 조선인을 위해 이 먼 곳으로 와 봉사하고 있습니다. 그런데 그 어려운 역경을 극복하고 미국에서 대학까지 나온 유일한 사장이 어떻게 자기 민족의 괴로움을 외면하고 미국에 머물 수 있습니까?"

에비슨 박사의 충고는 유일한의 가슴을 아프게 찔렀다. 실제 그가 가족을 만나러 가던 길에 목격한 조국의 현실은 그동안 신문으로 보고 이야기로 듣던 것보다 훨씬 참혹했다.

"박사님, 지금 우리 민족에게 시급한 문제가 한둘이 아닌 것을 직접 목격했습니다."

"미스터 유의 눈에는 어떤 것이 가장 시급해 보이던가요?"

"우선 민족의 장래를 위해서는 교육이 필요하고, 일자리를 만들어 빈곤을 해결해야 합니다. 그리고 국민의 보건 문제가 해결되어야 합니다. 위생환경이 개선되거나 의약품의 보급으로도 충분히 치료할 수 있는 병이 있는데 그대로 방치되어 죽어가는 사람들이 많습니다."

"당신의 말이 맞습니다. 그러나 한 번에 그 문제들을 해결할

---

[11] Oliver R. Avison, 캐나다의 선교사이자 의사로 한국인 의사 양성과 한국의 의료체계 및 오늘날 연세대학교의 기틀을 마련하였다.

수는 없습니다."

"그럼 어떻게 해야 좋을까요, 박사님?"

"잘 생각해 보세요. 교육이든 일자리든 사람이 건강하지 않으면 다 소용없는 것 아니겠습니까?"

에비슨 박사의 단비 같은 조언들은 당장 조선에 무엇이 시급한지 알려줬다. 그날 유일한은 가슴에 두 가지 큰 결심을 아로새기며 미국행 배에 올랐다. 하나는 <mark>호미리와의 결혼이고, 다른 하나는 바로 조국으로의 영구 귀국이었다.</mark>

유한양행의 시작 | 1925년, 서른의 유일한과 스물아홉의 호미리는 미국에서 평생을 약속하며 부부가 되었다. 그는 결혼 직후부터 귀국 준비를 시작했다. 처음 그녀는 '사업을 정리하고 조국으로 돌아가고 싶다'는 남편의 말을 듣고 설마설마하고 있었다.

"네? 회사 지분은 전부 윌레스에게 넘겼다고요?"

그녀는 그 말을 듣고 '남편이 보통 결심을 한 게 아니구나' 깨달았다. 당시 라초이 식품회사는 숙주나물뿐 아니라 다양한 동양식 통조림을 판매하며 50만 달러 이상의 막대한 수익을 올리고 있었던 것이다.

"때마침 에비슨 박사도 초청장을 보내고……."

유일한은 연희전문학교 교수로, 그리고 부인 호미리 여사는 세브란스의전 소아과 과장으로 일해 달라는 내용이었다.

그러나 두 사람은 각자의 이유로 제안을 거절했다. 특히 유일한은 학생을 가르치는 일도 좋았으나 먼저 기업인으로서 민족에 봉사하고 싶었다. 굶주린 국민에게 일자리를 주기 위해서는 기업이 필요하고, 특히 제약회사가 국민의 건강을 지켜줄 수 있다고 생각한 것이다.

"건강한 국민, 병들지 아니한 국민만이
주권을 누릴 수가 있는 것이다.[12]"

에비슨 박사의 말처럼 당시 조선은 서양의학이 막 도입되던 시기였고, 질 좋은 의약품을 저렴한 가격에 구하기가 힘들었다.

유일한은 라초이 식품회사에서 받은 25만 달러로 미국제 의약품을 대량으로 사들였다.

그 직후인 1926년 10월, 서울 종로 2가 덕원빌딩에 회사 사무실을 열었다. 초대 사장은 유일한 자신이 맡고, 경리 담당은 전에 경무국에서 통역을 맡았던 예동식이, 영업 담당은 보성전문학교 출신의 전항섭이 맡았다.

1926년 당시 서울 종로 2가 덕원빌딩

회사명은 유일한의 이름을 딴 '유한'과 세계로 간다는 뜻의 '양행'을 붙여 유한양행柳韓洋行

12) 유일한 박사 어록

으로 정했다. 이 네 글자에는 민족의 어려움을 이겨낼 힘을 기르겠다는 직원들의 강철 같은 의지와 신념이 담겨 있었다.

유일한이 미국의 성공을 뒤로하고 귀국한다는 소식은 서재필 박사의 귀에도 들어갔다. 박사는 그에게 자신의 딸 스테파니[13]가 만든 버드나무 목각화를 선물했다. '버드나무'는 유일한의 성씨인 유柳를 의미하는 동시에, 자신의 뿌리를 잊지 말라는 서재필 박사의 당부가 담겨 있었다.

"사람들이 햇빛을 피해 쉴 수 있는
시원한 그늘이 되어 주시게나."

감동한 유일한은 목각화의 버드나무를 유한양행의 상징이자 로고로 삼았다.

당시 신문에 실린 로고　　　　　　현재의 유한양행 로고

그렇게 귀국을 전후로 의약품을 조금씩 나누어 조선으로 들여보내던 와중, 대부분이 세관을 통과하지 못하고 계류되었다는 소식이 전해졌다.

---

[13] 서재필 박사의 딸 스테파니는 당시 조각가로 활동하고 있었다.

"대체 이유가 뭐라고 하던가?"

"오랜 유학 생활을 하신 사장님한테 신분을 증명할 호적이 없는 데다가 저희 직원 중에 약을 취급할 수 있는 약제사가 없어서랍니다."

"그럼 어떻게 해야 하지?"

곧바로 예동식이 나섰다. 그는 유일한의 호적을 만들고 수소문을 통해 약제사 나찬수를 영입했다. 아울러 호미리가 조선에서 의사로 활동할 수 있도록 의사면허 문제도 해결했다. 그의 빠른 일 처리는 국내 사정에 어두운 유일한에게 큰 도움이 되었다.

그러나 예동식이 해결하지 못하는 문제도 있었다. 당시 조선의 제약 업계는 총독부의 혜택을 받는 일본 제약사가 장악하고 있었다. 대형병원부터 개인병원까지 일본 제약사가 수입하는 고가의 의약품들을 사용하고 있었다. 유한양행은 이로 인해 설립 초기 약품 판매와 영업에 어려움을 겪었다.

유일한은 직원들과 머리를 맞댔다. 저절로 미국에서 숙주나물을 알리기 위해 가정집 문을 두드리던 시절이 떠올랐다.

그는 바로 차에 의약품을 잔뜩 싣고 전국을 돌아다니기 시작했다. 조선인이 경영하는 약국부터 선교사가 설립해서 운영하는 병원까지 거래처를 뚫기 위해 안 가본 곳이 없을 지경이었다. 어떨 땐 시골의 작은 약국을 그냥 지나치지 못해 나귀를 타고 찾아가기도 했다.

"자네 유한양행이란 회사 들어봤나?"

어느 날부터인가 병원 관계자들 사이에서 유한양행이라는 회사와 열정 넘치는 사장, 그리고 뒤를 따르는 영업사원의 이야기가 화제가 되었다. 무엇보다 유한양행의 '싸고 효능이 뛰어난' 의약품들이 입소문을 탔다. 세브란스병원과 평양의 기혈병원, 전주의 예수병원 찬장에 유한양행의 약품들이 놓였고, 전국 각지에서도 구매 문의가 빗발치기 시작했다.

유일한은 영업을 위해 전국을 돌아다니며 사람들이 살아가는 모습을 유심히 관찰했다. 어디든 가난과 굶주림으로 질병이 넘쳐났고 농기구는 낡고 오래되었으며 물자는 한없이 부족했다.

'어떻게 하면 열악한 환경을 개선할 수 있을까?'

그는 의약품 외의 물품으로 눈을 돌렸다. 우선 비누와 치약, 화장지 같은 위생용품을 수입했고, 외제 사탕이나 초콜릿 같은 식료품도 팔았다.

특히 신식 농기구는 일제의 수탈로 쇠락하는 농촌 경제를 살리고 전국에 식량 보급을 원활하게 하려는 목적으로 들여왔다. 물론 조금 손해를 보더라도 아주 싼 가격에 팔 작정이었다.

광고로 변화를 꾀하다 | 19세기 말 조선을 찾아온 외국인들은 조선 사람들을 보고 '왜 흰옷을 즐겨 입을까'를 궁금해했다. 그들은 여러 가지 이유를 추측했지만, 사실은 이랬다.

일제강점기 전후의 농민 수탈로 인한 가난과 가뭄 등으로 생활이 어려워진 조선 사람들이 농사를 짓느라 직물과 염료 생산을 외면하기 시작했다. 염료 가격이 치솟자 사람들은 어쩔 수 없이 쉽게 더러워지나 또 쉽게 빨 수 있는 흰옷을 찾았다.

'사람들의 모습을 다채롭게 바꿀 방법은 없을까?'

유일한은 다른 외국인들처럼 그냥 궁금증만 품지 않았다. 먼저 유한양행을 통해 다양한 색의 염료를 싸게 수입했고, 그다음 사람들에게 염료를 알릴 방법을 궁리했다.

"그래, 그거야!"

얼마 후 동아일보 3면에 유한양행 염료 광고[14]가 실렸다. 제목은 「미국 염료상이왔습니다」, 내용에는 값이 저렴하고 다양한 색을 강조했다. 사람들은 낯설지만 새로운 광고에 관심을 보였고, 시험용 염료를 신청해 사용하기도 했다.

그렇게 유한양행의 염료는 전국 각지로 유통되어 길거리의 풍경을 다채롭게 만들었다.

같은 시기, 조선의 제약 업계는 경쟁이 치열해 한 가지 약이 잘 팔리면 다른 업체가 유사품을 만들어 판매했다. 각 신문에는 '만병통치약'이나 '불사不死' 같은 거짓·과장 문구나 경쟁업체를 비방하는 광고가 넘쳐났다.

> 미국염료상이왓습니다
>
> 본양행의 염료는 순미국품으로 품질이 양호하고 가격도 저렴하여 각색별로 시용봉을 구비하얏사오니 강호 여러분은 한 번 시용하야보십시옵
>
> 색깔은 **열 가지**가 구비되엿슴니다

동아일보 1928년 3월 5일 기사 일부 발췌

14) 동아일보 1928년 3월 5일 자 3면 "미국 염료상품이 왓습니다"

그러나 한 곳은 달랐다. 유한양행은 의약품 광고[15]에서 그 어떤 허위나 과장 없이 오로지 약의 용도와 효능만을 밝혔다. 신뢰를 주기 위해서 '의사 유호미리'와 '약제사 나찬수'라는 본명을 싣기도 했다.

유한양행의 솔직한 광고는 이후에도 계속 신문에 실렸다. 미국의 제이슨 제약사에서 직수입한 강장제 '네오톤 토닉'의 홍보를 위한 광고[16]에서는 네오톤 토닉이 신체 허약과 쇠약, 빈혈증 등의 증상에 효과가 있다는 사실과 함께 '의사를 찾아 상의하시고 복용하시오'라는 간단한 문구만 적혀있었다.

이처럼 유일한은 신문 광고에 '의사에게 문의하라', '의사의 지도를 받으시라'는 문구[17]를 넣는 등 소비자의 의약품 개선을 멈추지 않았다.

△ 미국진품
금계랍 = 유행성학질 일일학 감모 선열 등에 사용

△ 진품
장충산 = 유회충 조충 요충 등 장충퇴치에 사용

(표무나들버)
유한양행
미국의학박사 유호미리
약제사 나찬수

동아일보 1928년 7월 9일 기사 일부 발췌

---

15) 동아일보 1928년 7월 9일 2면 "유한양행 약품 광고"
16) 동아일보 1930년 10월 15일자 7면 "네오톤 보제"
17) 동아일보 1930년 10월 30일 7면 "의사는 당신의 친구!"

유한양행 네오톤 토닉 광고지

신문 광고로는 최초로 네오톤 토닉의 약물 작용원리와 함께 성분과 효능, 용법을 자세히 소개하기도 했다. 약품에 대한 정확한 정보를 전달하여 약의 오용誤用과 남용濫用을 막기 위해서였다. 이는 기업에 대한 소비자의 신뢰를 높이는 매우 현명한 방법이었다.

당시 판매되던 강장제 중에는 흔히 마약 성분이 들어있는 제품이 많았는데, 소비자들이 마약 성분이 주는 효과에 중독이 되어 계속 강장제를 찾는 악순환을 만들었다. 유한양행 안에서도 약을 제조할 때 마약 성분을 조금 넣어 수익을 늘리자고 제안한 직원이 있었다.

"자네는 우리 회사의 생명이 신용인 걸 모르나? 돈 좀 벌겠다고 소비자들을 속여 마약을 섞는 것은 더 나아가 국민 건강을 해치는 일일세! 자네는 당장 이 회사에서 나가게!"

유일한의 호통이 직원의 정수리로 떨어졌다. 번쩍! 정신을 차린 직원은 용서를 구해 간신히 해고를 면할 수 있었다.

"기업의 기능이 단순히 돈을 버는 데서만 머문다면
수전노와 다를 바가 없다.[18]"

안티푸라민 개발 | 1929년은 안팎에서 긍정적인 변화가 충만한 해였다. 간호사를 꿈꾸는 여동생 유순한이 서울로 올라왔고, 그해 10월에는 첫째 딸 유재라가 태어났다. 오랜만에 가족과 함께하는 행복을 느낀 유일한은 북간도의 부모님께 서울에서 함께 살자는

[18] 유일한 박사 어록

편지를 보냈다.

사업도 순탄하게 성장하고 있었다. 유일한은 사옥을 기독교 청년 회관YMCA으로 옮겨 본격적인 사업 확장을 준비했다. 경영진은 국내 시장에 한계를 느끼고 해외 유통망 개척에 대한 논의를 시작했다.

때마침 일본이 자국 기업들을 만주로 진출시키려 한다는 소식이 전해졌다.

"사장님, 일본 제약사와의 경쟁에서 이기려면 우리가 먼저 가야 합니다."

임원들은 빨리 만주로 가서 시장을 선점해야 한다고 의견을 모았다.

유일한은 즉시 미국의 아보트 사社와 합작을 결정하고, 랴오닝성 다롄에 대리점과 약품 창고를 세웠다. 당시 외국에서 수입한 물건을 국내로 들이려면 일본 측에 무려 20~30%의 관세를 내야 했는데, 자유무역항 다롄에서는 수입 약품들을 관세 없이 보관할 수 있었다.

그렇게 다롄을 교두보로 삼은 유한양행은 본격적으로 만주 시장에 의약품을 공급하기 시작했고, 점차 남만주를 넘어 중국 본토로 사업 영역을 넓혀나갔다. 일본 제약사들과의 경쟁에서 앞선 셈이었다.

그즈음 설립 5주년을 맞은 유한양행 본사에서는 신문로에 2층짜리 사옥을 짓기 시작했다. 유일한의 아버지도 일가를 이끌고

20여 년 만에 평양 상수리로 돌아왔다.

1933년 어느 날의 아침 회의, 유일한은 임직원들에게 오랫동안 마음먹고 있던 생각을 밝혔다.

"약품 수입에만 의존해서는 한계가 있습니다. 우리도 수출까지 할 수 있는 우수한 약을 직접 만들어야 합니다."

유일한은 줄곧 수입의약품을 파는 무역회사의 형태로는 경쟁력이 부족하다고 생각하고 있었다. 일본 제약사들을 상대하고 어엿한 제약사로 발돋움하기 위해서는 반드시 유한양행이 자체 개발한 약이 필요했다.

우선 그는 유한양행 사옥 근처에 작은 공장을 마련하고 학술과를 신설해 의약품 개발을 시작했다. 첫 번째 목표는 가정에서 쉽게 바르고 먹을 수 있는 가정상비약이었다. 때마침 유한양행 사옥 2층에서 소아과를 운영하고 있던 아내 호미리가 학술과에 획기적인 건의를 했다.

"호미리 박사님, 지금 연고를 개발하자고 하셨나요?"

"네, 오늘도 우리 재라가 또 넘어져서 다리에 멍이 들었어요."

"아이들은 툭하면 넘어져서 다치지요."

"그러니까요. 툭하면 멍이 들고 상처가 나는데, 발라줄 만한 값싸고 좋은 연고가 없다니까요. 아이들 있는 집에는 그런 연고가 꼭 필요해요."

학술과는 호미리의 제안을 받아들여 상처에 바를 수 있는 연고 개발에 돌입했다. 그리고 얼마 지나지 않아 멘톨, 캄파, 살리실산

메틸, 바셀린 등을 주성분으로 하는 소염진통제 '안티푸라민'을 탄생시켰다.

의약품이 귀한 시기, 안티푸라민은 손바닥보다 작은 통에 담겨 판매되기 시작했다. 이 값도 싸고 사용법도 간단한 소염진통제는 가려움증이나 보습에도 탁월한 효과가 있었다. 유행을 타고 전국으로 보급된 안티푸라민은 가정집의 서랍에는 꼭 하나씩 들어있는 '국민 가정상비약'으로 자리 잡았다.

오늘날까지 무려 90년 가까이!

변치 않는 신념 | 어느 늦은 밤, 유한양행 본사로 급한 연락이 왔다. 황해도 해주도립병원에서 맹장염 수술을 하는데 혈청 주사약이 없어 환자의 목숨이 위급하다는 내용이었다.

그날 전화를 받은 직원은 입사 2년 차인 홍병규였다. 그는 '숙직자가 창고를 함부로 열어서는 안 된다'는 근무 규정을 어기고 약을 꺼냈다. 그리고 병이 깨지지 않게 단단히 포장해 경성역으로 뛰어갔다.

"토성역을 지날 때 약이 든 가방을 열차 밖으로 던져주세요!"

다행히 차장은 그의 부탁을 들어주었다. 차장은 기차가 역을 지날 때 창밖으로 가방을 던졌고, 초조하게 약을 기다리고 있던 병원 직원의 손으로 들어갔다. 홍병규는 수술을 무사히 마쳤다는 연락을 받고 안도했지만, 이내 걱정에 휩싸였다.

"사장님은 원칙을 중요하게 생각하시는데, 근무 규정을 어겨버렸으니 이걸 어쩌지?"

그런데 다음날 홍병규를 마주한 유일한이 꺼낸 첫말은 놀랍게도 칭찬이었다.

"한 생명을 구했습니다. 위급한 상황에서 규칙에 얽매이지 않고 유연하고 능동적으로 대처한 점을 높이 사야 합니다."

이날의 칭찬은 신입사원 홍병규가 훗날 유한양행의 사장으로 올라가는 밑거름 역할을 했다.

1934년의 여름, 아버지가 돌아가셨다는 비보가 전해졌다. 유일한은 아버지의 묘소를 찾아 비통한 울음을 쏟았고, 임종을 지키지 못했다는 죄책감과 정신적인 지주를 잃은 상실감에 빠졌다. 그러나 유일한은 유한양행 직원들을 위해 마음을 추스르고 일어났다. 안티푸라민과 네오톤 토닉이 흥행하면서 총독부의 탄압과 일본 제약회사의 견제가 심해지는 상황이었다.

도약 — Leap

1916~1919년	1922~1924년	1925년
미시간대학교 상과 입학과 졸업	라초이 식품회사 설립	녹두 수입을 위해 중국 등지로 출장
필라델피아 한인자유대회 참여	유한주식회사 설립 서재필 박사 사장 취임	가족과 21년 만에 재회
		호미리 여사와의 결혼

일제강점기

1919년 3·1 만세운동
대한민국 임시정부 수립

사회주의국가 소련 성립

일시 귀국

세상에 빛을 밝힌 인물 1

그는 독일의 염증 치료제인 프로톤질의 수입 계약을 체결하고, 국내에서 'GU사이드'라는 이름으로 판매하기 시작했다. 당시 아시아에서는 최초로 출시하는 임질의 선진적 치료제였다.

그 결과 유한양행은 중국과 만주 일대에 효능이 검증된 이 약을 앞세워 빠르게 시장을 넓혀나갈 수 있었다. 곧바로 일본의 경쟁사가 비슷한 제품을 출시해 훼방을 놓았지만, 유일한은 아랑곳하지 않고 GU사이드를 개발한 게르하르트 도마크와 다시 한번 손을 잡고 약의 효과를 높인 '슈퍼GU사이드'를 개발해 시장 선도와 회사의 성장을 이끌었다.

그와 동시에 '일본 기업과는 그 어떤 거래도 하지 않는다'는 자신만의 굳은 원칙과 신념, 오로지 국민의 건강과 보건만을 생각하며 민생을 안정시키려는 노력을 이어갔다.

1926년	1929~1932년	1933~1934년	1935년
유한양행 설립	장녀 유재라 출생	만주 다롄 진출 미국 아보트와 합작	장남 유일선 출생
아내 호미리와 귀국행	신문로 2가에 사옥 신축	아버지 유기연 73세로 영면	
		유한양행 자체 약품 생산 시작	

영구 귀국

미국발 경제위기

정신 | Mind | : 40~50대

계속되는 도전과 위기 | 1936년 6월 20일, 유한양행은 그간의 발전을 토대로 주식회사로 전환했다. 업계 최초의 일이었다. 당시 사장을 제외한 직원 수는 총 76명이었는데, 상당수의 직원이 공로주 형태로 주식을 받고 회사의 주주가 되었다. 사장 유일한이 자신의 주식 52%를 사원들에게 무상으로 나눠준 것이다[19].

"기업이 개인의 것이 아니며 사회와 종업원의 것이다."

유일한의 기업 이념은 당시에 아주 획기적인 발상이었다. 기업의 성공이 임직원들의 이익이 되는 구조를 갖춤으로써 상장 이전보다 회사 운영에 책임과 보람을 느끼도록 한 것이다.

또 그는 질 좋은 의약품 개발을 위해 회사에 도움이 될 만한 인재라면 국적을 가리지 않았다. 상해에 있던 비엔나 출신의 저명한 화학자인 데이비드 발레트 박사를 제약 기술책임자로 초빙한 일이 그 예였다.

동시에 경기도 부천군 소사면에 2만 평의 땅을 사들였는데, 의약품 개발연구소와 생산 설비 공장과 직원 복지와 관련된 시설을 갖추기 위해서였다.

그렇게 세워진 공장은 오랫동안 유한양행의 든든한 기반이 된 소사공장이었다.

[19] 미국 제너럴 일렉트릭 사에서 근무할 때 처음 접한 '사원 지주제'를 과감히 도입하였다.

1936년 유한양행 주식회사 발족식 (첫째 줄 왼쪽에서 네 번째)

1937년 유한양행 창립기념식 부천 소사공장

그런데 1938월 4월 무렵, 유일한은 돌연 회사를 동생들에게 맡기고 미국에 갈 결심을 했다.

"미국에 잠시 다녀와야겠다. 회사를 부탁하마."

"예? 미국에는 왜요?"

"거기서 꼭 해야 할 일이 있어."

로스앤젤레스에 도착한 그는 비록 작은 규모지만 유한양행 출장소를 세워 돗자리, 화문석, 연어 등의 우리나라 특산물을 팔기 시작했다. 유한양행의 의약품과 더불어 우리나라 특산품의 수출 판로를 개척하겠다는 의지였다.

그 사이 국제정세는 날이 갈수록 긴박해져 갔다. 1939년 8월에 독일이 소련과의 상호 불가침 조약을 맺고 폴란드를 침공했고, 이에 맞선 영국과 프랑스가 독일을 상대로 선전포고를 하며 제2차 세계대전의 막이 올랐다.

당연히 그는 귀국을 보류할 수밖에 없었다. 대신 한국에 두고 온 가족을 미국으로 불러 함께 정세를 지켜보기로 했다. 또 아무 것도 하지 않고 마냥 기다릴 수는 없어 미국 남가주대학 대학원 경영학 과정을 밟았고, 1941년에 경영학 석사학위를 취득할 수 있었다.

한편, 일본은 전쟁이 길어지자 '적국'인 미국과 관련된 기업을 향한 감시와 억압을 강화했다. 당연히 미국 유학생이자 사업가 출신을 경영자로 둔 유한양행은 그들에게 당장 뽑고 싶은 눈엣가시였다.

어느 날엔 종로경찰서의 형사들이 한꺼번에 들이닥쳐 임원과 직원들을 체포했다. 적국 미국에 도움을 주었다는 혐의를 씌워 유한양행의 모든 자산을 몰수하려는 속셈이었다. 그들은 직원들에게 미국에 있는 사장의 신상을 캐물었지만, 그 누구도 형사들이 원하는 정보를 내놓지 않았다.

석방된 유한양행 임원들은 회사를 지키기 위해 긴급하게 주주총회를 열었다. 그리고 유일한의 동생 유명한을 사장에 임명하고, 외국인 직원들은 잠시 휴직하거나 회사를 떠나도록 했다.

그러나 일본은 집요했다. 이번에는 전방위적인 세무조사로 압박에 나섰다. 세무서 직원들이 유한양행 경성 본사와 부천 소사 공장에 쳐들어가 사무실을 뒤지고 장부를 압수해갔다.

고난은 여기서 끝나지 않았다. 이번에는 종로경찰서 형사들이 홍병규와 오상흠을 연행해 갔다. 형사들은 두 사람에게 일본군 무기 공장을 폭파하려 했다는 거짓 혐의를 씌워 온갖 고문을 가했다. 모진 고문에도 두 사람은 다행히 버텨내고 20일 만에 석방되었다.

당시 유한양행이 어려운 시기를 잘 버텨낸 이유는 회사의 일을 내 일처럼 생각하는 임직원들이 있었기 때문이다.

미국에서의 독립운동 | 일본의 진주만 침공으로 태평양전쟁이 발발하자 미육군정보처[OSS][20]는 한반도와 중국의 정보를 분석하고자

[20] 1942년 제2차 세계대전 당시 설립된 미국의 주요 정보기관 OSS(Office of Strategic Servies). 미중앙정보국(CIA)의 전신이다.

지역 사정에 밝은 인사들을 고문으로 두었다. 유일한은 한국지역 담당으로, 소설 <대지大地>의 작가 펄벅[21] 여사를 중국지역 담당 고문으로 초빙하였다. 이 만남을 계기로 유일한과 펄벅 여사의 친교는 오래 이어졌다. 한국전쟁 당시에는 소사공장 터 1만 평을 펄벅 재단에 무상으로 제공하여 부모 없는 혼혈 아이들이 사회에 나갈 수 있도록 돕기도 했다.

유일한과 소설가 펄벅 여사

당시 조선의 독립운동을 주도하던 지도자들은 일본의 패망을 예견하며 우리도 이 전쟁에 가담하여 독립을 쟁취해야 한다고 주장했다. 그리고 대한민국 임시정부는 광복군의 한반도 투입 계획을 세우기 시작했다.

---

21) Pearl S. Buck. 노벨상을 수상한 작가로 세계대전 당시 OSS에서 중국에 관한 정보를 분석하는 일을 했다. 대한제국 말부터 광복 직전까지의 한국 근현대사를 다룬 <살아있는 갈대>를 펴냈다.

이에 미국 한인사회는 적극적으로 애국 운동에 나서기 시작했고, OSS의 고문 활동으로 누구보다 고국의 상황을 빨리 파악할 수 있었던 유일한 또한 독립운동가 김호를 도와 조직 및 재정을 담당하였다. 1942년 2월에는 LA에서 일본에 대항하기 위해 조직된 한인 군사조직 '맹호군猛虎軍' 창설에 관여하였으며 열병식에서 대한민국 임시정부 요인이 보내온 축사를 낭독했다.

IPR 총회에 한국 대표로 참석 당시의 모습 (가운데)

이후 1945년 1월 버지니아의 핫스프링에서는 태평양문제연구회 IPR 총회가 열렸다. 일본의 전후 처리 문제를 논의하기 위해 12개국의 대표자 160명이 참석한 자리였다. 이날 유일한은 전한경(사진 왼쪽), 전경무(사진 오른쪽) 등과 함께 한국 대표로 참여해 유창한 영어로 국제사회에 한국 독립의 정당성을 알렸다.

같은 시기, OSS는 한반도에 침투해 일본을 무력화시킨다는 목표로 비밀리에 냅코 프로젝트 NAPKO Project를 준비했다. 대한민국 임시정부 역시 광복군을 한반도에 투입하는 일명 '독수리 작전'을 계획했다. 그들의 합동작전은 철저히 비밀에 부쳐졌다. 당시 50세였던 유일한 역시 이 냅코 작전에도 참여했다. 그는 직접 고된 특수 훈련을 받으며 조국의 독립을 위해 목숨을 바칠 각오를 다졌다.

그런데 유일한과 조원들이 작전 수행을 기다리던 시점, 미국이 히로시마와 나가사키에 원자폭탄 투하하면서 일본이 무조건 항복을 선언했다. 1945년 8월 15일, 한반도가 제2차 세계대전의 종식과 함께 해방을 맞은 것이다.

광복과 귀국 | '냅코 작전'은 무기한 중단되었다. 유일한은 가장과 사업가의 일상으로 돌아왔고, 일제의 부당한 간섭에서도 벗어났다. 그러나 해방의 기쁨도 잠시, 미국과 소련이 북위 38도선을 경계로 한반도 남과 북에 자신들의 군정軍政을 시작했다. 싸늘한 냉전의 분위기는 쉽게 해소될 것처럼 보이지 않았다. 유한양행이 입은 손실도 컸는데, 38선 이북의 지역과 만주 등지에 있던 사업 기반과 자산의 80%, 상권까지 송두리째 잃고 말았다. 활로를 찾으려면 남한에서 새로 기반을 닦아야 했다.

그러나 제2차 세계대전의 여파는 여전해서 외국과의 민간 교역이 거의 불가능했다. 반면, 미국산 의약품은 미국 군정을 통해 손

쉽게 남한으로 들어갔다. 당연히 원료 조달이 어려운 남한의 제약회사들은 경쟁이 되지 않았다.

다행히 유한양행은 창고에 비축해 둔 원료가 있었다. 임원들은 바로 경성화학공업주식회사를 인수해 의약품 생산을 시작하며 재도약에 나섰다.

유일한이 해방된 조국으로 돌아온 시기는 1946년 7월이었다. 사장이 자리를 비우고 있었던 기간이 무려 8년, 그동안 유한양행은 아주 순조롭게 운영되고 있었다. 유능한 운영진과 그들이 자주적으로 회사를 이끌 수 있도록 조직화한 경영 체제 덕분이었다.

당시 그는 직원들을 향한 무한한 믿음으로 귀국을 미루며 의약품 개발·생산, 자동차 수입 및 철강과 선박으로 분야를 확장할 구상을 세웠다. 그리고 '남한 경제의 재건再建'이라는 원대한 계획과 포부를 품고 귀국길을 밟았다.

"대한상공회의소 초대 회장직을 맡아주실 수 있습니까?"

유일한은 그때 뜻밖의 제안을 받았다. 대한상공회의소는 해방 이후 한국 경제계를 대표하여 상공업 발전과 상공인의 권익을 지키기 위해 만든 단체였는데, 초대 회장 자리가 비어 있었다. 당시 남한의 이름 있는 기업인들 대부분이 친일의 이력이 있었다. 반대로 유일한에게는 민족기업을 이끄는 기업인이라는 긍정적인 이미지가 있었다.

사실 정치계에 입문하라는 권유를 받을 때마다 사양을 거듭해

온 유일한은 조금 고민이 되었다. 그러나 대한상공회의소는 어디까지나 '민간단체'였고, 국내의 기업계를 재건한다는 목적이 그의 생각과 일치했다. 사양할 이유가 없었다.

다만 자신이 한 기업의 사장으로 있는 이상 모든 결정에 공정할 수 없을 거라고 생각했다.

그는 대한상공회의소 회장직을 받아들인 직후, 자연스럽게 유한양행 사장직을 사임하고 '고문 역할'인 회장직으로 물러났다.

"유일한 사장님이 사임하시면 그 뒤는 누가 잇나?"

"아마 동생인 유명한 전 사장님에게 맡기지 않을까? 사장님이 미국에 있을 때도 오래 사장직에 계셨잖아."

그러나 모두의 예상은 빗나갔다. 친족도, 내부 인사도 아닌 외부 인사를 사장으로 영입한 것이다. 새로운 사장은 바로 헤이스팅스 한인소년병학교 시절 동기인 구영숙이었다.

구영숙은 세브란스병원 출신의 의학박사로 경영에는 전혀 경험이 없었으나, 유일한은 그의 역량과 능력, 인품을 높이 샀으며 누구보다 회사를 정직하게 운영할 것이라 믿었다.

이렇게 유일한은 경영과 자본을 분리하여 '회사를 개인의 소유라고 여기지 않는다'는 자신의 신념[22]을 증명했다.

다시 미국으로 | 유일한은 당시 미군정이 대통령 후보로 밀고 있던 이승만의 초대를 받고 개인 사저인 이화장梨花莊을 방문한 적이 있었다. 이날 이승만은 한미 양국 산업계에서 폭넓은 인맥을

---

[22] 국내에 전문경영인이 등장한 토대가 되었다.

가진 유일한을 자신의 진영으로 끌어들이고자 했다.

그러나 유일한은 차기 대통령의 손을 잡을 생각이 없었다. 민생보다는 좌우左右 진영으로 나뉘어 갈등하는 정치권의 행태가 싫기도 했고, 과거 미국에서 이승만을 포함한 일부 독립운동가들이 '주도권'을 잡기 위해 어떤 식으로 서로를 비방하고 공격했는지 생생하게 지켜봤기 때문[23]이었다.

"말씀은 감사합니다만, 저는 배운 게 장사라서요. 그리고 대한상공회의소 회장직을 맡은 지 얼마 되지 않았으니 당분간 이 일에 집중하고 싶습니다."

유일한은 이렇게 완곡히 거절하고 그 자리를 빠져나왔다. 그리고 3개월 뒤 출장을 겸해 가족을 만난다는 이유를 들어 미국으로 떠났다. 그는 다른 일은 신경 쓸 틈도 없이 전쟁으로 잃은 미국 제약사들과의 관계를 되돌리고, 자동차 사업을 위해 바쁜 일정을 소화했다.

그러나 남한에서 단독정부가 수립되고 이승만이 초대 대통령에 당선된 1948년 8월, 스탠퍼드 대학교에서 국제법 박사과정을 밟고 있던 유일한은 이승만 내각으로부터 또 한 번의 제안을 받았다. 무려 초대 상공부 장관 자리였다.

"죄송합니다."

유일한은 이번에 '사업'을 내세워 제안을 거절했다. 그러나 두 번째 거절에는 보복이 뒤따랐고, 그는 아주 오랫동안 자신의 조국으로 돌아가지 못했다.

[23] 이승만과 박용만은 절친한 동지(의형제)였으나 독립운동에 대한 생각 차이로 완전히 결별했다.

한국전쟁 발발 | 1950년 6월 25일, 소련을 등에 업은 북한 공산군이 새벽을 틈타 남침했다. 단 사흘 만에 서울을 빼앗긴 국군은 빠르게 부산으로 밀려났다.

"방금 전쟁이라고 했습니까?"

미국에 머물고 있던 유일한은 사색이 되었다. 남한에 있는 다른 가족과 직원들에게 연락을 해봤지만 닿지 않았다. 그는 미국과 일본 도쿄를 오가며 수소문을 했고, 다행히 형의 소식을 들은 막냇동생 유특한이 바다를 건너 일본으로 달려왔다.

동생이 들려준 유한양행의 소식은 이러했다. 사장 구영숙을 비롯한 직원들은 피난을 포기하고 회사를 지키고 있었다. 서울의 본사는 홍병규가, 소사공장은 백대현이 중심이 되어 매일 같이 찾아오는 북한군 요인을 구슬리며 버티고 있었다.

그러던 중 유엔군 총사령관인 맥아더 장군이 인천상륙작전을 펼쳐 전세가 역전되는 듯 보였다. 그러나 중국이 가세하며 재차 공산군의 남하가 시작됐다. 더는 버티지 못할 거라 판단한 임직원들은 회사와 공장을 부산으로 옮기기로 했다.

시간은 촉박하고 운송수단은 부족했다. 직원들은 우선 물품의 중요도에 따라 순위를 매겼다. 여차하면 값이 제일 싼 것부터 버려야 할 판이었다. 그들은 어렵게 마련한 4대의 트럭에 사원과 가족, 그리고 약품과 생산에 필요한 원재료들을 싣고 부산으로 출발했다.

그때 지배인이던 홍병규가 말했다.

"일단 대구로 가서 약품을 팔아 자금을 마련해 보겠습니다."

"언제 중공군이 쳐들어올지 모르는데, 같이 부산으로 갑시다."

"아니, 이렇게 제약회사들이 부산으로 가서 약을 죄다 쏟아내면 가격이 폭락할 겁니다. 제가 금방 자금을 마련해서 부산으로 가겠습니다."

그렇게 홍병규[24]는 대구로 차를 돌렸고, 먼저 부산에 도착한 유한양행 직원들은 삼광제약의 공장과 범일동의 작은 공장을 빌려 싣고 온 원료로 의약품 생산에 돌입했다. 전쟁 상황에서 피난민들에게 조금이라도 도움을 줄 수 있는 의약품 위주였다.

동생으로부터 유한양행 직원들의 고생과 피난 생활의 어려움을 들은 유일한은 한동안 말을 이을 수 없었다. 그들과 고난을 함께 겪지 못한 안타까움과 미안함 때문이었다. 그는 먹먹한 감정을 누르고 앞으로 할 일들을 생각하기 시작했다.

그런데 충격적인 소식이 전해졌다. 제주도 출장길에 나섰던 동생 유명한이 선박 침몰 사고로 목숨을 잃고 만 것이다. 유일한은 사고 소식을 듣자마자 그 자리에 주저앉아 통곡했다.

'귀국길이 막혀서 얼굴 한 번 제대로 보지 못했는데 장례식도 갈 수 없다니……!'

---

[24] 후일 회고담에서 "6·25전쟁 당시 유한양행을 사수하고 피난 작전에 성공한 일 모두가, 회사는 개인의 것이 아니라 국민의 것이라는 유일한 사장의 기업관을 신조로 이어받은 직원들의 불사조 같은 정신이 있었기 때문"이라고 술회하였다.

안타까움과 슬픔은 장례식을 마치고 도쿄로 넘어온 조카를 마주했을 때 더욱 커졌다. 그는 조카를 끌어안고 학비와 생활비 지원을 약속하며 전쟁이 없는 미국으로 유학을 권했다.

가슴 아픈 일들이 지나간 1953년 7월, 남과 북은 소모전을 멈추고 휴전협정을 마무리했다. 유한양행 직원들은 부산을 떠나 서울 본사로 돌아왔고, 유일한도 수년 만에 서울 땅을 밟을 수 있었다.

재도약하는 유한양행 | 서울로 돌아온 유일한을 맞이한 것은 무너진 본사 건물이었다. 그의 마음도 무너지는 것 같았다. 그러나 그의 뒤에는 자신만을 바라보고 있는 직원들이 있었다.

유한양행의 정신적 지주는 새롭게 마음을 다잡았다. 그는 사장직에 재취임하자마자 2억 원에 달하는 증자로 자본금을 확보했다. 직후 본사 건물을 복구하고 소사공장을 수리하는 한편, 새로운 설비를 추가하고 연구소를 증설해 나갔다. 사내 부서도 과감히

정신 — Mind	1936~1939년	1941~1945년	1946년
	유한양행 법인체 주식회사 발족	서던캘리포니아대학 대학원 경영학 석사	대한상공회의소 초대 회장 역임
	GU사이드 경이적인 판매 기록 달성	미육군 전략처(OSS) 한국 담당 고문 활동	
	수출을 위해 미국 LA에 출장소 설치	냅코작전 수행을 위한 훈련에 참여	
	일제강점기	8·15 광복 귀국	미국행
	중일전쟁 발발	일본 항복	
	제2차 세계대전 발발	국제연합 설립	

개편하고 유능한 인재를 회사로 데려왔으며, 한국 농촌의 발전을 위해 회사에 가축부를 두고 가축 약품을 생산하기 시작했다.

또 미국 기업인 아메리칸 사이아나미드와 기술제휴를 체결하고 1957년에는 국내 최초로 항생 물질 제품을 생산하였다.

유한양행은 본사가 서울로 완전히 이전되었을 무렵부터는 국산 원료를 사용한 약품 개발에 나섰는데, 대구나 명태 등에서 채취한 기름인 간유肝油에서 비타민을 뽑아 정제하는 기술이 그 첫 번째였다.

당시 연구팀은 여러 번의 시행착오를 거쳐 물과 함께 간편하게 먹을 수 있는 영양제의 상품화와 생산에 성공했고, 전쟁 이후 부족한 식량 때문에 질병과 영양실조를 일상처럼 앓고 있는 사람들에게 큰 도움을 주었다.

이렇게 유한양행은 전후의 어려운 상황 속에도 성장을 거듭하며 성실한 우수 의약품 생산업체로 안정된 지위를 구축하였다.

1948년	1950~1952년	1953~1955년
스탠퍼드대학원 국제법을 공부	미국과 일본을 오가며 전황 주시	미국에서 귀국
이승만 정권 초대 상공 장관직 거절	여객선 침몰로 동생 이명한 사망	소사(제약)공장 준공
	고려공과 기술학교 설립	
이승만 당선	한국전쟁	휴전　귀국
미국 체류		

환원 | Return | : 60대~영면

부정을 거부하다 | 한국전쟁 이후 이승만 대통령과 자유당 정권은 다수의 기업에 특혜를 약속하며 막대한 정치자금을 끌어모았다. 유한양행에는 무려 3억 환[25]에 달하는 거액의 정치자금을 요구해 왔다.

'이걸 어떻게 해결하지?'

당시 유한양행의 사장직에 있던 이건웅은 곤혹스러웠다. 그는 인천 세무서 총무과장 출신으로 유한양행이 일제의 가혹한 세무조사에 시달릴 당시 남모르게 도움을 주었던 인물이었다. 그는 유일한의 신념에 따라 자유당의 요구를 거절했다.

곧장 강도 높은 세무조사가 벌어지는 동시에, 유한양행은 6천만 환을 탈세했다는 누명을 썼다. 검찰은 사장을 비롯한 임원들을 상대로 법원에 구속영장을 신청했고, 유한양행 측도 변호사를 통해 적극적으로 대응했다. 다행히 법원은 증거가 없다는 이유로 구속영장을 기각했다.

그러자 이번에는 내무부 치안국 경제계 형사들이 들이닥쳤다. 사무실을 엉망으로 만들고 회계 관련 직원들을 체포해 심문과 고문을 자행했다. 강경히 버티던 이건웅은 도쿄에 머물고 있던[26] 유일한에게 전화를 걸었다.

---
[25] 1953년부터 1962년까지 유통된 화폐 단위
[26] 여전히 자유당 정권과 불편한 관계라 미국과 일본을 오가며 생활했다.

"회장님, 차라리 그 돈, 줘 버립시다. 그렇지 않으면 더 큰 걸 잃을 수 있어요."

그러나 돌아온 대답은 호통이었다.

"불법으로 모은 자금은 또 불법을 위해 쓰일 뿐일세! 유한양행은 그들과 공범이 될 수 없네!"

당국은 여러 차례 조사를 벌이고도 탈세와 관련된 자료는 찾지 못했다. 그러나 이후에도 유한양행은 정권의 압력으로부터 쉽게 벗어나지 못했다. 한참을 버티던 유한양행도 5천만 환을 빼앗기듯 내놓아야 했다[27].

이토록 일방적이고 부당한 요구를 겪었던 유일한이지만, 한 번도 '세금만큼은 정직하게 내야 한다'는 신조가 흔들린 적이 없었다.

한 번은 회계과 직원들이 상반기 영업세를 정확히 준비해두고서 납부 기한을 깜빡 잊은 일이 있었다. 다음 날 직원들이 급히 세무서로 달려갔지만 이미 기한을 넘겨 가산세 5%가 부과되었다는 사실만 확인했다.

이건웅 사장은 낙담해 회사로 돌아온 직원들에게 호되게 꾸지람했다.

"한 번도 세금 납부를 늦은 적이 없는데, 가산세라니 이게 무슨 일이야? 이건 징계감이야!"

---

[27] 1959년에서 60년까지 자유당이 선거를 치르기 위해 56개 기업에서 끌어모은 불법 정치자금은 무려 63억 환에 달했다. 그러나 그들의 부정선거는 곧 만천하에 드러나게 되었고, 민중의 분노는 4·19혁명을 불러왔다. 이승만은 12년의 독재를 끝내고 대통령에서 물러났다.

"사장님, 죄송합니다. 방금 세무서 법인세 계장님 전화가 왔는데 지금 당장 정상 납부 처리를 해줄 테니 관련 서류를 가져오랍니다."

"뭐라고? 기한이 지났는데?"

"그게……저희가 미납이나 납부 기한을 어긴 적이 없어서 서류에 빈칸을 남겨 두었답니다."

회계과 직원은 한달음에 세무서로 달려가 일을 처리하고 돌아왔지만 사내 징계는 피할 수 없었다. 그러나 유일한은 원칙을 고수하여 징계를 받은 직원들에게 위로금을 전달하며 이렇게 칭찬했다.

"이는 그간 회계과가 세금에 대한 나의 지침을 잘 따라줬다는 증거 아니겠나?"

기업공개와 주식상장 | 유한양행의 사업은 1950년대 말에서 60년대에 들어서면서 더욱 번성하였다. 소사공장에 최신 설비를 갖춘 실험연구실을 준공하고, 속초에는 어간유 제유소를 신설한 뒤 속초 수산공장으로 발전시켰다. 그리고 인삼 네오톤을 홍콩에 수출하기 시작했다.

이때 유일한은 동남아 각국을 순회하며 판로를 개척하고, 세계의 유명한 제약회사들과 기술제휴를 체결하여 신기술을 도입하는 한편, 유한양행의 자체 기술 개발에도 힘썼다.

그간의 성장에 힘입은 유한양행은 영등포구 대방동의 토지 2천 평에 새롭게 사옥을 짓고 본사를 옮겼다. 유일한은 그와 함께 기업을 공개하고 유한양행의 주식을 새로이 발행해 시장에 상장하기로 결정했다.

기업공개는 기업의 자금조달을 원활하게 만들고 재무구조를 개선하는 동시에, 주식을 가진 사람들도 경영에 참여할 수 있다는 장점이 있다. 기업의 이윤이 사회 곳곳에 도달해 경제 발전에 도움이 된다는 유일한의 기업 이념과도 맞아떨어지는 방법이었다. 그러나 당시에는 자발적으로 기업공개를 하는 회사가 거의 없었다. 공기업까지 합치면 다섯 번째였고, 제약사 중에서는 최초였다.

유한양행 임직원들은 대부분 '신중하자'는 의견을 냈다. 유한양행의 자본은 늘어나고 있는데, 발행 당시의 주가로 상장한다면 기존 주주들의 손해가 생기기 때문이었다. 그러므로 자산을 재평가하여 주가를 적정가로 끌어올린 뒤에 기업공개를 하자는 의견이었다. 그러나 유일한의 생각은 달랐다.

"임원이라는 자들이 그런 얘기를 하다니 너무 실망스럽네. 당신들의 의견대로 한다면, 새로 유한양행에 투자하는 사람들이 손해를 볼 것이 아닌가?"

"……."

"기업 활동에서 발생한 이윤은 될 수 있는 한 사회의 많은 사람들에게 돌아가도록 하는 것이 기업의 임무이고 민족기업으로서의 책임일세. 주식을 상장하여 주식이 잘 팔리게 하면 모든 임직원들이 기업을 합리적으로 운영하여 최대의 이윤을 얻도록 노력하게 될 것이고, 또 그러기 위해서라도 주식상장은 빠르면 빠를수록 좋은 것이지."

그렇게 주식이 상장된 이후 유한양행 주식의 가치는 회사의 성장과 함께 날로 높아져 갔고, 임원들은 모든 우려를 내려놓을 수 있었다.

사회기업인의 정신 | 유일한은 선진국의 좋은 제도나 방식을 가져오는 데 어떤 주저함이 없었다. 다른 사람의 생각을 경청할 때도 마찬가지였다. 합리적인 근거가 없는 주장은 가차 없이 잘랐고, 타당하다면 수용했다.

박정희 정부가 제2한강교[28]를 건설하려고 인근 땅을 사드릴 무렵, 정부는 토지보상비 문제를 두고 주민들과 합의점을 찾지 못해 갈등을 빚고 있었다. 주민들은 '보상비를 높이기 위한' 시위를 벌였는데, 그 일대에 땅을 가지고 있던 유한양행에서도 총무부장인 연만희를 보내 상황을 보도록 했다. 그 소식을 들은 유일한은 연만희를 불러 꼬치꼬치 캐물었다.

"지금 그 땅값이 얼마고 주민들은 얼마를 요구했지?"

"현재는 평당 4천 원입니다. 주민들은 평당 1만 2천 원을 요구하고 있습니다."

"우리가 평당 4천 원에 팔면 손해인가?"

"그렇지는 않습니다. 그 땅은 평당 3천 원에 샀습니다. 하지만 주민들 요구대로 하면 더 큰 이익이 남을 것 같습니다."

[28] 현재의 양화대교

그 말을 들은 유일한의 얼굴은 노기로 붉어졌다.

"나라에서 국민을 위해 다리를 놓겠다는데 돈 몇 푼 더 받겠다고 주민들과 같이 시위를 한다고? 당장 사표를 쓰게! 자네 같은 사람은 유한양행 임원이 될 자격이 없네!"

크게 혼이 난 연만희는 바로 그 땅을 정부가 원하는 가격으로 넘겼다. 주민들이 '배신자'라며 유한양행 본사로 몰려와 시위를 벌였지만, 유일한은 '나라를 망치는 첫째가 건물과 땅으로 투기를 하는 행동'이라는 생각을 바꾸지 않았다.

시간이 흘러 연만희 총무부장이 상무가 되었을 때였다. 유한양행 임직원은 출퇴근길 만원 버스와 지하철에 시달리는 직원들을 위해 '통근버스를 구입하자'는 안건을 논의 중이었다. 이때 앞서 반대 의사를 보인 사람은 놀랍게도 유일한이었다.

"통근버스는 직원들의 복지와 관련된 사안입니다."

"그렇지만 아침과 저녁에만 사용할 버스를 거금을 주고 사서는 하루 종일 주차해두는 건 경제적이지 못하네."

그때 연만희 상무가 아이디어를 제공했다.

"통근용 버스를 움직이는 광고판으로 활용하면 일석이조 아니겠습니까?"

유일한은 그의 참신한 의견을 듣자마자 바로 생각을 바꿔 찬성표를 던졌다. 안건은 순조롭게 통과되었고, 그 뒤로 서울 거리에는 유한양행의 광고가 붙은 버스가 활보하기 시작했다.

과거 군사 쿠데타로 집권한 박정희 정부는 세금을 늘리려 국세청을 통해 국내 기업들의 세무 감찰을 벌이고는 했다. 기업 중 매년 3억 원이 넘는 세금을 내면서도 현 정부와 거리를 두고 있던 유한양행은 더 많은 세금을 징수할 수 있는 먹잇감이었다.

그렇게 시작된 세무감사는 1967년 11월 15일부터 무려 한 달 넘게 이어졌다. 그러나 조사를 마친 특별사찰반은 혀를 내둘렀다.

"이렇게 깨끗한 회계장부는 처음 봅니다."

그러나 정부는 이에 그치지 않았다. 유한양행의 의약품들을 모두 과학기술처로 보내 제대로 된 '함량'으로 제조하고 있는지 확인한 것이다.

"이번에도 문제가 없다고?"

유한양행을 조사하던 사람들은 할 말이 없어졌고, 이를 보고받은 정부는 어안이 벙벙해졌다. 국세청은 결국 유한양행 본사로 '국세청 선정 모범납세업체'라는 문구를 새긴 동판을 보냈고, 유일한은 1968년 대통령으로부터 동탑 산업훈장을 받은 최초의 기업인이 되었다.

박정희 전 대통령으로부터
동탑산업훈장을 받는 유일한 박사

유일한의 투명한 기업경영이 대외적으로 알려진 시기, 유한양행 임원진들은 유한양행의 경영을 이어받을 인물로 그의 아들 유일선을 고려하고 있었다.

그러나 아버지 유일한은 '아들이 회사를 물려받아야 한다'는 임원진들의 생각을 당연하게 받아들이지 않았다. 물론 아들에게 한 번은 기회를 줘야 한다는 의견에는 동의했다. 아버지는 아들에게 '회사 일을 해보지 않겠냐'며 연락을 했고, 아들은 바로 미국에서의 변호사 일을 정리한 뒤 귀국했다.

그러나 부사장으로 취임한 유일선은 미국에서 성장해 서구적인 사고방식에 익숙했다. 한국어 습득에도 열성적이지 않아 미국인을 비서로 채용하고 업무적인 서류를 영어로 번역해 첨부하도록 했다. 그 탓에 부하 직원들은 영문 서류를 번역하느라 다른 업무처리 시간까지 빼앗겼다.

또 그의 성과와 실적에 과도하게 치중된 경영방식은 임직원들과의 갈등뿐만 아니라 아버지와의 의견 충돌을 빚었다.

결국 부자父子는 갈등을 봉합하기 위해 마주 앉아 오랜 이야기를 나눴다. 아버지는 다양한 실무를 경험하며 능력을 쌓아가기를 원했지만, 아들은 처음부터 경영 전반에 실질적인 권한을 갖고 회사를 운영하고 싶어 했다. 아버지의 경영이념은 기업의 무조건적 이윤 창출보다 나라와 사회를 우선시하는 것이었다. 그러나 아들은 기업의 이익과 효율이 먼저라고 생각했다. 두 사람은 깊은 대화를 통해 서로 다른 가치관과 기업관을 인정했다.

'하지만 유한양행과는 어울리지 않는다.'

유일한은 기업 경영에 있어서 가장 중요한 요소가 철저한 공사 구분이라고 생각했고, 여기에는 가족도 예외가 없었다. 부사장 해임을 시작으로 유한양행에서 일하던 가족과 친척을 남김없이 해고하였는데, 설립자의 가족들로 인해 회사 내부에 파벌이나 분란이 생기지 않도록 방지하려는 의도였다.

이후 영등포 공장의 준공 기념식을 겸하여 열린 주주총회에서는 파격적인 인사이동이 있었다. '평사원 출신의 전무' 조권순, 그가 후임 사장으로 발탁되어 책임을 갖고 회사를 경영할 기회를 얻게 된 것이다. 바로 '진정한 의미'의 전문경영인이었다.

그렇게 새로운 리더를 맞이한 유한양행은 성장을 거듭했고, 경영 일선에서 물러난 유일한은 남은 인생을 교육에 쏟아붓기 시작했다.

교육자의 마음 | 1926년 유한양행을 설립한 유일한은 회사 운영 못지않게 교육을 매우 중요하게 생각했다.

> "기업의 기능에는 유능하고 유익한 인재를 양성하는
> 교육까지도 포함되어 있어야 한다.[29]"

당시 유한양행은 미국으로부터 수입한 의약품의 취급이었기 때문에 모든 업무와 관련된 서류가 영어로 처리되었다.

29) 유일한 박사 어록

특히 영업 분야에 종사하는 사원에게 영어 실력과 약품에 대한 전문적 지식이 요구되었는데, 유일한은 매월 1회 전문학교 교수를 초빙하여 직원들이 영어 및 의약품에 대한 전문적인 교육[30]을 받을 수 있도록 했다.

여기에 사원들의 자녀교육비 부담을 덜어주기 위한 장학금이나 성적이 우수하지만 가정 형편이 어려운 학생들에 대한 장학금, 해외 유학생들에게 대한 학비 및 여행비 보조 등을 지원했다.

'이번에도 입학을 희망하는 학생들이 생각보다 적구나.'

유일한이 전쟁이 끝날 무렵 소사공장 안에 설립한 고려공과기술학교[31]는 수업내용이 정규 공업학교와 크게 다르지 않았으나 입학을 원하는 학생은 많지 않았다. 정부로부터 정식으로 인가를 받은 학교가 아니었기 때문이었다.

'교육재단을 만들 필요가 있겠어.'

그는 고민 끝에 세브란스병원의 김명선 교수를 찾아가 재단의 이사장직을 맡아달라고 부탁했다. 교육에 대한 그의 깊은 철학에 감명받은 김명선은 바로 수긍했다. 그리고 1962년 12월, 재단법인 유한학원이 설립과 함께 유한공업고등학교[32]가 세워졌다. 개교를 전후로 깨끗한 시설과 좋은 교육과정, 학비 지원이 알려지며 입학을 원하는 학생들이 교문을 두드렸다.

[30] 현재의 유한양행 사원 교육의 뿌리이다.
[31] 부모를 잃은 전쟁고아들에게 교육의 기회를 주는 동시에 기술력을 가진 인재를 양성하기 위한 목적으로 설립되었다. 학비와 기숙사비를 내지 않고 공과 기술을 배울 수 있었다.
[32] 설립 정신은 '성실'이고 교훈은 '참된 인간·기술 연마·사회봉사'였고, 초창기에는 실습을 위주로 한 실무교육과 기술 인력 양성이 이뤄졌다.

유일한은 유한양행과 재단 운영을 철저하게 분리했는데, 재단과 학교의 설립 비용부터 학교 운영비의 출처는 전부 그의 개인 자산이었다. 나중에는 재단과 학교가 독자적으로 운영될 수 있도록 '유한양행의 주식'을 기증하기도 했다.

유한공고에 유한양행 주식을 기증

덕분에 유한공고는 후일 우수한 기술 전문가를 배출하는 교육 기관으로 자리 잡았고, 특히 목공과의 기술은 국내 산업 전반에 기술 인력을 보급하는 역할을 했다.

그뿐만 아니다. 의약계의 발전과 인재 양성을 위해 설립한 유한보건장학회를 통해서는 사정이 어려운 학생들에게 도움을 주었고, 연세대학교나 서울대학교 같은 대학에도 연구비와 장학금 지원을 위해 개인소유 주식을 기부하였다.

연세대학교에 개인소유의 주식을 기부

1970년, 유일한은 개인 주식 약 8만 3천 주를 기탁해 공익재단 '한국사회 및 교육원조 신탁기금'을 설립했다. 복지사업뿐만 아니라 교육장학사업으로 확대하고 지속적인 운영을 약속했다.

이처럼 유일한은 스스로 교육자가 되었다는 사실을 뜻깊게 여겼다. 유한양행 회장이란 명함보다 '교육자'라고 적힌 명함을 즐겨 썼고, 해외 출장을 갈 때도 출입국 신청서 직업란에 '교육자'라고 적었다.

반면 그는 학교 운영에는 전혀 관여하지 않았는데, 현장에서 일하는 교사들을 신뢰했기 때문이다.

은퇴 후 세월은 물길처럼 흘러갔다. 연로한 유일한의 곁에는 주한 미군에서 일하기 시작한 딸 유재라가 있었다. 육체는 나날이 쇠약해져 갔지만, 그는 활기 넘치는 유한공고 학생들을 보는 것만으로도 행복감을 느꼈다. 교사들과 학생들에게 부담을 주지 않으려 교실과 운동장의 아이들을 조용히 살펴보고 돌아간 적도 있었다.

물론 공식적인 자리에서도 최대한 수업에 방해가 되지 않는 선에서 학생들을 격려하며 응원했다. 그때마다 그가 학생들에게 꼭 하던 말이 있었다.

"너희들이 훌륭한 사람이 되어야 우리나라가 발전한다."

시간이 더 지나 유일한은 유한공업고등학교 졸업식에 참석했다. 그는 투병으로 많이 수척해진 모습으로, 주변의 부축을 받아 어렵게 단상에 올랐다. 그는 떨리는 목소리로 졸업식 축사를 하며 사회로 나아가는 학생들을 따뜻하게 격려했다.

	1959~1962년	1963년	1964년
환원 — Return	자유당 정치자금 요구 거절	개인 소유 주식 1만 7천 주 연세대학교와 보건장학회에 기부	학교법인 유한학원 설립
	제약 업계 최초 주식 상장		유한공업고등학교 개교
	이승만 하야	박정희 정권	
	4·19 혁명		
	5·16 군사 쿠데타		

유한공고 졸업식에 참석한 유일한 박사

"여러분은 여기서 배운 것에 만족하지 말고, 더 정진하고 연구하여 우리나라 기술이 세계 수준을 뛰어넘도록 노력해 주십시오, 여러분의 졸업을 다시 한번 축하합니다."

그는 기쁘고 벅찬 마음을 안고 단상을 내려갔다. 박수 소리는 그가 학교를 벗어날 때까지도 그치지 않았다.

1965년	1966~1969년	1971년
▼	▼	▼
유한교육신탁기금 발족	모범 납세자 선정	3월 11일 76세 일기로 영면
개인주식 6만 6천여주 기증	동탑산업훈장 수훈	유언장을 통해 전 재산 사회 환원
연세대 명예법학박사 학위 수여	유한양행 전문경영인 체제 돌입	국민훈장 무궁화장 추서
	박정희 대통령 재선 중국 문화대혁명	

유일한

떠나는 길에서 | 졸업식을 뒤로한 유일한은 병원에서 병마와의 싸움을 이어갔다. 병세는 날이 갈수록 더 위중해졌다. 그는 죽음을 예견하고 수없이 유언장을 고쳐 썼다. 회사와 학교는 잘 운영되고 있어서 걱정이 없었으나 남아있는 가족이 늘 마음에 걸렸다.

그는 거동이 불편해질 때쯤부터 성경을 읽으며 마음을 다스렸는데, '나는 지금껏 후회 없이 열심히 살았다'고 되뇌어 안식에 잠기곤 했다.

1971년 3월 11일 새벽, 유일한은 딸과 여동생이 지켜보는 자리에서 76세의 일기로 조용히 숨을 거뒀다. 사흘 후 유한양행 본사에 마련된 빈소에서 영결식이 치러졌고, 고인의 유해는 유한공업 고등학교의 뒷동산으로 옮겨져 안장되었다.

교문에서 유일한 박사를 배웅하는 학생들
("할아버지 고이 잠드소서"라고 적힌 현수막)

그리고 그해 4월, 유일한의 유언장이 공개되었다.

첫째, 손녀 유일링(당시 7세)에게는 대학 졸업 시까지 학자금 1만 달러를 준다.

둘째, 딸 유재라에게는 유한공고 안의 묘소와 주변 땅 오천 평을 물려준다. 그 땅을 유한동산으로 꾸미되 결코 울타리를 치지 말고 유한중·공업고교 학생들이 마음대로 드나들게 하여 어린 학생들의 티 없이 맑은 정신에 깃든 젊은 의지를 지하에서나마 더불어 느끼게 해달라.

셋째, 내 소유 주식 14만 941주는 전부 '한국사회 및 교육원조 신탁기금'에 기증한다.

넷째, 아들 유일선은 대학까지 졸업시켰으니 앞으로는 자립해서 살아가거라.

유일한의 유산을 받은 가족은 딸 유재라[33]와 가장 나이 어린 손녀 유일링, 이 둘이 유일했다. 사실 딸 유재라에게 물려준 땅 5천 평도 개인적으로 쓸 수 있는 땅이 아니었다.

---

[33] 유재라 여사는 틈틈이 유한양행의 주식을 사서 유한양행의 대주주가 되었지만, 아버지 뜻을 존중하여 경영에는 조금도 관여하지 않았다. 또한 유한재단의 이사로서 사회 공헌에 매진하다가 개인소유의 주식 22만 6,787주와 재산 모두를 유한재단에 기부하고 세상을 떠났다.

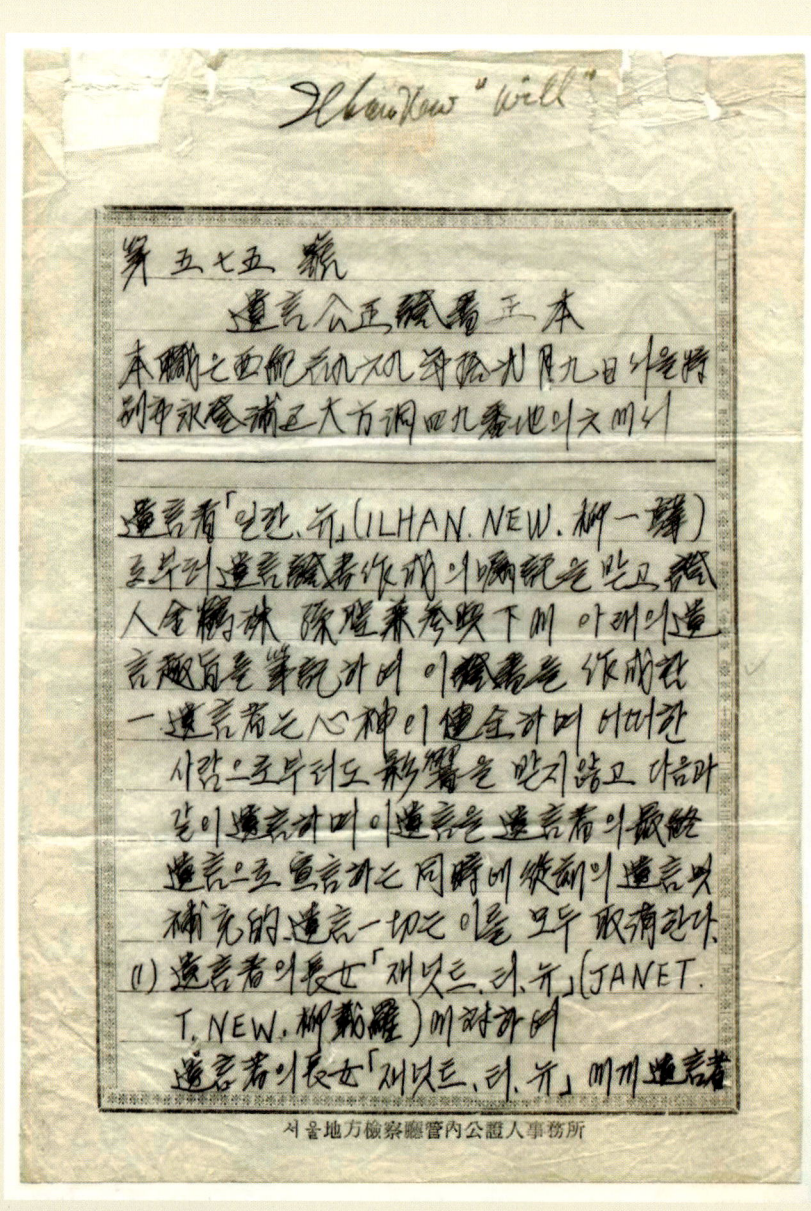

유일한 박사의 유언장

유일한이 임종 때까지 각종 공익 재단에 기증한 개인 주식은 유한양행 총 주식의 40%에 달했다. 그처럼 가족에게 한 푼도 남기지 않고 자신이 일궈낸 모든 것을 사회에 환원한 사례는 전 세계적으로 찾아보기 힘든 일이다.

그의 유언장은 신문기사를 통해 세상에 알려진 이후로 우리 사회에 깊은 감동을 주고 있다. 정부는 공익을 위해 평생을 바친 그에게 '국민훈장 무궁화장'을 추서하며 그의 업적을 기렸다. 유일한의 정신과 신념은 지금까지도 노블레스 오블리주^{Noblesse Oblige}의 상징으로 많은 사람들에게 귀감이 되는 동시에 지대한 영향을 끼치고 있다.

영향 | Influence |

1995년 1월, SK그룹의 최종현 선대 회장은 "오늘날 후세 경제인들의 귀감이 되는, 기업의 이윤은 기업을 키워준 사회에 돌려줘야 한다는 말을 몸소 실천한 참 기업인"이라고 유일한 박사의 삶을 기렸다.

이처럼 유일한 박사가 오늘날 수많은 경영인에게 귀감이 되는 데에는 여러 이유가 있다.

먼저 그가 일본인이 조선의 경제활동을 주도하던 시기에 일제의 탄압에 굴복하지 않고 일본 기업과의 경쟁에 나선 기업가라는 사실이다. 그 뿌리에는 언제나 조국과 민족에 대한 넘치는 사랑이 있었다.

또한 그는 일평생 나라를 위해 헌신하면서도 단 한 번도 이를 과시한 적이 없었다. 과거 '냅코 작전'에 참여했던 이력조차 침묵하여 20년이 지나서야 세상에 알려졌고, 뒤늦게 정부로부터 건국훈장 독립장을 추서 받게 되었다.

그는 기업인으로서 유능하고 양심적인 인재 양성이야말로 국가의 보탬이 된다고 여겼다. 그래서 늘 정직과 근면을 중시했고, 불성실하거나 약속을 지키지 않는 사람을 신뢰하지 않았다.

그가 어떤 순간에도 상도商道를 지키고 납세에 충실했던 것도 스스로 나라에 보탬이 되는 인재가 되려는 의지에서였다.

유일한 박사의 유한양행은 오늘날 기업이 사회적 책임을 다해 경영에 임한다는 'ESG 경영'의 교과서라고 할 수 있다. 기업의 사회적 책임 경영에는 기업의 이윤 추구와 사회공유가치 창출이라는 개념이 녹아 있다. 즉, 기업이 합리적인 방식으로 이윤을 확대하면서 빈곤이나 환경문제와 같은 사회적 문제를 해결하는 것이다.

그는 유한양행을 성장시켜 고용을 늘리고 경제 발전에 도움을 주었으며, 수익은 주식공개나 사원 지주제 등을 통해 사회에 돌려주며 기업의 사회적 책임 경영을 고스란히 실행했다.

무엇보다 그는 경영에서의 '도전과 혁신'을 중요하게 생각했다. 회사 설립 초기 소규모 도매상을 통해 판로를 확보하였고, 지속적인 연구로 자체 신약을 개발하였으며, 생산 효율을 늘리는 다양한 방안들을 고안해 생산비 절감을 시도했다.

또 한해에 경위서를 가장 많이 쓴 직원에게 연말 보너스를 주기도 했다. 그에게 '많은 실패'는 곧 '많은 도전'을 의미했다.

이렇게 혁신과 성공을 이뤄온 그는 세상을 떠날 당시엔 구두 두 켤레와 양복 세 벌, 지팡이 등 일상용품 몇 개만 남겼다. 교육 사업과 기부에는 억만금의 돈을 아낌없이 쓰면서 자신을 위한 일이나 일상생활에서는 물건 하나도 허투루 사지 않은 것이다. 그 검소함을 잘 보여주는 일화가 있다.

유일한 박사의 유품

　유일한 박사는 19년 동안 써온 만년필이 고장 나자 혹시나 하고 보증서를 찾아보았다. 보증서에는 '언제든 AS가 가능하다'는 문구가 있었다. 그는 '옳다구나!' 만년필을 포장해서 미국 본사로 보냈고, 얼마 후 본사로부터 소포 하나를 받았다. 그 소포 안에는 새 만년필과 함께 '당사 제품을 오래 사용해 주어 감사하다'는 메시지가 동봉되어 있었다.

　그는 친구에게 이야기를 들려주면서 "신용을 최고의 가치로 여기는 회사를 알게 되어 기분이 좋았다"라며 웃어 보였다.

　유일한 박사가 타계하고 20여 년이 지나고 그의 이름이 다시 세상에 회자가 된 적이 있었다. 그의 딸 유재라 여사가 예순셋의 나이로 세상을 떠나며 남긴 유언장 때문이었다.

　과거 딸 유재라 여사에게 아버지 유일한 박사는 특별한 존재였다. 그녀가 기억하는 아버지는 늘 자상하고 다정했다. 아무리 바빠도 꼭 시간을 내어 딸에게 낚시를 가르쳐주고, 함께 승마를 즐겼다.

아버지는 언제나 아들딸의 선택을 존중하고 조용히 아이들을 격려하고 응원해 주었다.

그래서 딸은 아버지의 뒤를 따라 망설임 없이 **유한양행 주식 22만여 주를 포함한 전 재산을** 기부하며 유한재단의 공익활동에 힘을 실었다.

이렇게 아버지와 딸의 2대(代)를 이은 '전 재산 사회 환원'은 뭇사람들에게 깊은 감동과 울림을 주었고 사회 곳곳에 기부의 물결을 일으켰다.

그 중심인 유한재단은 공익 재단인 '한국사회 및 교육원조 신탁기금'에서 시작하여 1977년에 현재의 유한재단으로 명칭을 바꾼 뒤에도 오랜 시간 설립자의 신념을 기렸다.

또 현재까지 청소년 육성을 위한 장학사업과 교육지원, 어려운 계층의 사람들을 돕는 사회복지사업과 재해구호 등 각종 공익사업을 이어오고 있다.

유일한 박사의 사후에 그의 교육을 향한 열정을 계승하여 설립된 유한대학 역시 유능한 졸업생들을 매년 배출해왔다. **문재인** 전 대통령은 2019년 2월 유한대학 졸업식에 참석하여 축사에서 유일한 박사를 '새로운 도전에 대한 두려움이 없었던 분'이라고 언급했다. 그리고 졸업생들에게 "졸업생 여러분의 가슴에는 사회와 국가를 위해 헌신해 온 유일한 선생의 인류평화와 봉사, 그리고 자유정신이 흐르고 있다는 사실을 잊지 말기를 바란다"라고 당부했다.

이처럼 평생에 걸쳐 보여준 그의 강한 의지와 신념은 오늘날에도 사회 곳곳에서 사람들의 마음을 울리고, 그의 정신을 잇고자 하는 수많은 이들의 귀감이 되고 있다. 명실상부 시대를 관통하는 위대한 인플루언서^{Influencer}라고 부를 수 있을 것이다.

지금 이 순간에도 수많은 이들이 그가 남긴 '국민의 건강과 행복을 위한 길'을 따라 걷고 있다.

유일한 박사의 이야기를
영상으로 보고 싶다면 ▶

의사를 한 번도 보지 못하고
죽어가는 사람을 위해
평생을 바치겠노라.

2장

장기려
Kee-ryo Chang

외과의사
교육자
청십자의료보험조합
한국의 슈바이쳐

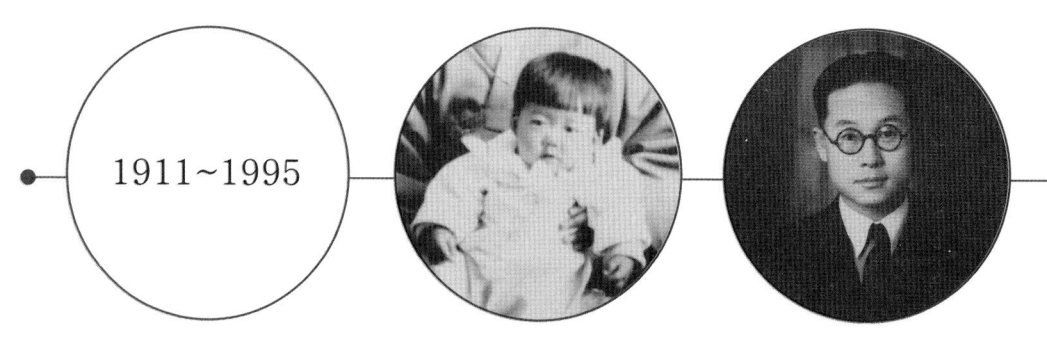

1911~1995

어린 시절 | Childhood |

할머니의 금강석 | 1911년 8월 14일 새벽[1], 평안북도 북서부 신의주와 경계를 이루는 용천군의 작고 평화로운 마을 어딘가에서 한 할머니의 기도 소리가 들려왔다.

"하나님 아버지, 부디 우리 어린 손주가 무사히 태어나게 해 주십시오. 부디 이렇게 간절히 비나이다……."

할머니의 이런 간절한 기도 덕분이었는지 쩌렁쩌렁한 갓난아기의 울음소리가 온 집안에 울렸다. 아버지 장운섭과 어머니 최윤경의 둘째 아들 '장기려'의 출생이었다.

장기려가 나고 자란 용천군 일대는 옛날부터 벼농사가 잘 돼서 부유한 자작농이 많았다. 그의 아버지 장운섭도 4백 석 지기를 가진 지주였는데, 박식하고 서예에 능한 한학자이기도 해서 마을

---

[1] 한일병탄조약으로 일제에 국권을 강제로 빼앗긴 바로 다음 해 (일제강점기)

사람들에게 향유사[2]라고 불렸다. 장운섭은 1917년 당시 동생과 함께 의성소학교^{義聖小學校}를 설립하고 초대 교장이 되었다.

장기려는 이 학교에 입학해 아버지의 지도 아래서 공부를 시작했다. 주로 성경을 중심으로 인성과 도덕 교육을 받았으며 그 밑바탕에는 일본 군국주의 교육에 반발하는 배일사상이 있었다.

당시 그는 아기 때부터 잔병치레가 잦았다. 늘 감기를 달고 살았고 음식을 조금만 잘못 먹어도 배가 아팠다. 그 탓에 배꼽 모양이 특이해질 정도로 자주 뜸을 떴다. 그래서 할머니는 손자를 이름이 아닌 '금강석'이라 부르며 건강을 기원하는 기도를 드렸다.

"이 금강석이 자라나 하나님의 나라와 현실 나라에서 크게 쓰이는 일꾼이 되게 하소서."

[2] 鄕有司. 보통 향교의 중책을 맡은 사람을 부르는 존칭

"할머니, 그런데 '금강석'이 무슨 뜻이에요?"

"우리 금강석이 그게 궁금했구나? 금강석은 절대로 부서지지 않는 아주아주 단단한 돌이란다."

금강석의 다른 말은 다이아몬드^{Diamond}로, 오직 손자가 건강하게 자라기를 바라는 할머니의 바람이 가득한 아명인 셈이다. 할머니는 독실한 그리스도인으로 아침저녁으로 예배를 빼놓지 않았고, 일요일에는 손자를 등에 업고 교회를 찾았다.

그렇게 할머니를 통해 신앙심을 배운 장기려는 아버지가 들려주는 성경 이야기를 유독 좋아했다. 그는 종종 자신이 성경에 나오는 인물이 되어 보는 상상을 했는데, 요셉의 이야기를 들을 때는 장래에 요셉처럼 되고 싶어졌고 다윗의 이야기를 들을 때는 다윗처럼 되고 싶었다.

그러나 어린 시절 그의 모습은 이상과 달랐다. 허약한 나머지 제대로 된 운동은커녕 그냥 달리는 일조차 힘들었다. 자연히 마음이 여리고 의지도 약해졌고, 장난을 좋아하며 지는 것을 싫어하게 됐다.

그가 주일학교에 다닐 무렵엔 항상 아이들과 팽이 싸움을 했는데, 나무로 만든 팽이가 너무 가벼워 매번 지기만 했다. 한창 속이 상해 있던 그때, 학교 신발장에 한눈에 봐도 무겁고 강해 보이는 팽이가 보였다. 장기려는 팽이를 슬쩍 주머니에 집어넣었다.

"야! 또 이겼다!"

신발장에서 훔친 팽이 덕분에 장기려는 늘 지기만 하던 팽이 싸움에서 강자가 되었다.

"야, 그거 네 팽이 맞아? 아무리 봐도 내가 전에 잃어버린 팽이 같은데……."

"무, 무슨 소리야? 증거 있어? 여기 네 이름이라도 써 놨냐고?"

장기려는 순간 뜨끔했지만, 훔친 사실을 들키지 않으려 시치미를 뗐다. 증거가 없는 팽이 주인은 아무 대꾸도 하지 못했다.

다시 신이 나 팽이를 치며 며칠이 지나갔다. 장기려의 마음은 날이 갈수록 무거워졌다. 그러나 차마 주인에게 팽이를 돌려줄 용기는 없었다.

"도둑질을 회개하라!"

그때 교회에서 들은 목사님의 설교가 아이의 마음속을 철렁하게 했다.

'이제 어쩌지……?'

장기려는 자랑스레 늘 가지고 다니던 팽이를 강물에 던져 버렸다. 그래도 마음은 편해지지 않았다. 며칠을 죄책감에 시달리던 장기려는 결국 친구를 찾아가 사과를 하고 팽이 값으로 용돈 2전을 내밀었다.

훗날 장기려는 이날의 기억을 떠올리며 솔직하지 못하고 비겁했던 행동을 부끄럽게 여겼다.

방종한 생활 | 장기려의 아버지가 세운 의성소학교는 일제가 강요하던 조선교육령[3]을 따르지 않았다. 교육과정에서 일본어와 이과

---

[3] 1911년 8월 일제가 조선인을 대상으로 공포한 '교육방침 및 법령'을 말한다. 일본어와 일본 역사를 주입하여 조선인의 문화와 정신적 독립성을 말살하려는 목적이었다.

과목을 외면하고 조선어와 한문, 산술 등을 중점적으로 가르쳤다. 그리고 이런 교육과정은 장기려의 보통학교 진학에 '어쩔 수 없는' 약점이 되었다.

장기려는 1923년 소학교를 1등으로 졸업하고도 신의주 고등보통학교 입학시험에서 떨어졌다. 그는 사촌 형이 다니는 개성의 송도고등보통학교의 시험에서 합격해서야 간신히 학업을 이어나갈 수 있게 되었다.

그때 장기려의 나이는 '만 13세의 입학 제한'에 걸리는 나이였는데, 그가 태어날 당시 동장이었던 작은아버지 장일섭이 호적상 생일을 1909년 7월 15일로 적어버리는 바람에 2년이나 빨리 학교에 입학하게 된 것이다[4].

그렇게 장기려는 또래보다 일찍 가족을 품을 떠나 개성행 기차에 올랐다. 그는 사촌 형이 살고 있던 낡은 하숙방에 짐을 풀었다. 가세가 조금씩 기울고 있을 때라 학비는 빠듯했고, 보살펴줄 사람이나 집에서 먹던 따뜻한 식사는 꿈도 꿀 수 없었다. 그나마 송도고보 1년 선배인 사촌 형이 있어 마음의 위안이 되었다.

그런데 장기려의 행실이 송도고보 친구들과 어울리고부터 어딘가 달라지기 시작했다. 조용했던 시골 마을과 달리 도회지였던 개성은 볼거리도 많고, 놀 거리도 많았다. 몸이 약해 한 번도 해 보지 못했던 테니스에 큰 재미를 느꼈다.

---

[4] 당시는 일제가 조선의 조혼하는 풍습을 비판하고 배척하던 시기였다. 작은아버지 장일섭은 조카의 '빠른 결혼'을 위해 호적상 생일을 앞당겼다.

장기려는 친구들과 함께 낮에는 테니스를 쳤고, 밤에는 하숙집에 모여 화투를 쳤다. 부모님에 대한 그리움은 점차 간섭이 사라졌다는 해방감으로 바뀌었다. 그렇게 그는 고삐 풀린 망아지처럼 시간 가는 줄도 모르고 그렇게 2년을 흘려보냈다.

그런데 3학년이 될 무렵, 장기려는 여느 날과 마찬가지로 친구들과 밤늦도록 화투를 치

송도고보 재학 시절 (오른쪽 첫 번째)

다가 가진 돈을 다 잃어버렸다. 힘없이 터덜터덜 하숙방으로 돌아가는데, 희미한 가로등에 비친 자신의 그림자가 골목에 길게 드리웠다. 키가 크고 어깨가 축 처진 남자의 모습이 어쩐지 아버지와 비슷했다.

'아버지는 자식의 학비를 구하기 위해 여기저기 돈을 빌리러 다니신다는데, 나는 지금 이게 무슨 꼴인 거지? 이게 불효가 아니면 뭐가 불효일까?'

후회가 물밀 듯이 밀려왔고 시간을 헛되이 버린 스스로가 한심스러웠다.

인생의 전환점 | 장기려는 그날부로 친구들의 부름을 외면하고 책을 펼쳐 들었다. 하지만 2년이나 놀았던 탓에 모르는 부분이 많고 공부에 집중하기도 쉽지 않았다. 그래도 1925년 여름 즈음 세례를 받으며 마음가짐을 다잡고 끈질기게 책상 앞에 붙어있었다. 그리고 앞으로 뭘 해야 할지, 어떤 사람이 되고 싶은지 진지한 고민도 시작했다.

처음에는 교육자로 진로를 정했다가 '고등사범학교를 나와야 한다'는 이야기에 바로 고개를 저었다. 입학시험에 합격할 자신도 없거니와 학비가 너무 비쌌다. 아버지에게 경제적인 부담을 줄 수 없었다.

장기려는 4학년 2학기에 기술자가 되기로 마음을 먹고 여순공과대학旅順工科大學 예과[5] 시험을 보기 위해 만주로 향했다. 그러나 여순공대는 만주에서도 최고의 학부로 손꼽히는 학교였다. 그는 전국에서 똑똑하다고 소문난 학생들 틈에서 '낙방'이라는 쓴맛을 경험했다.

같은 시기, 고향 집은 생각지 못한 위기를 맞고 있었다. 아버지가 논밭을 팔아 김포와 만주에 땅을 샀는데 이게 어쩌다 보니 남의 손에 넘어가거나 팔지도 못하게 되었다. 안 그래도 어렵던 가세는 순식간에 기울어졌고, 이 소식은 송도고보의 마지막 학년을 보내던 아들에게 전해졌다.

'더는 고민하지 말자. 의사의 길을 가는 거야.'

[5] 대학 학부에 들어가기 전의 예비 과정 (2년)

당시 조선에서 '의사'는 사람들에게 조금 낯선 직업이었다. 기독교 선교사들이 조선 각지에 병원을 세워 서양의학을 정착시키려 노력하고 있었지만, 선교사와 일본인을 빼고 순수하게 조선인이 운영하는 병원은 겨우 여덟에 불과했다. 조선인 대부분이 서양의학의 혜택을 받기 어려운 환경이었다.

이때 앞서서 조선인 의사들을 양성하기 시작한 곳이 세브란스의학전문학교와 경성의학전문학교(현 서울대 의과대학)였다. 덕분에 장기려가 진학할 학교를 물색하던 시기에는 한창 실력 좋은 조선인 의사들이 일선으로 나가 다양한 활약을 이어가는 중이었다.

장기려는 가장 먼저 세브란스의전을 고려했지만, 1년 학비가 무려 100원이라 감당할 자신이 없었다. 차선으로 선택할 수 있는 학교는 1년 학비가 35원으로 저렴한 경성의전이었다. 그러나 경성의전도 경성전수학교, 경성공업전문학교와 더불어 3대 명문으로 꼽힐 정도로 경쟁률이 높았다.

"하나님 아버지, 저를 의사로 만들어 주신다면
가난한 환자들을 위해 평생을 바치겠습니다."

장기려는 송도고보 졸업을 앞두고 간절히 기도를 드렸다. 그런데 벼랑 끝의 각오가 하늘에 닿았는지 뜻밖의 소식이 들렸다.

당시 졸업시험에서 1등부터 6등의 성적을 받은 학생들이 결혼하는 친구를 축하하기 위해 모인 자리에서 술을 마신 일이 발각

되어 '1년 정학'이라는 무거운 처분을 받게 된 것이다. 공교롭게 7등의 성적으로 수석 졸업자가 된 학생은 바로 장기려였고, 그는 입학시험 31등의 성적으로 경성의전에 합격할 수 있었다.

그렇게 장기려가 경성의전에 발을 들인 1928년 봄, 일본 학생들이 장악하고 있는 학내는 조선 학생들의 자유로운 교류와 표현이 힘들어 적응하기가 쉽지 않았다. 그는 시대적 냉기 속에서 묵묵히 '공부'에만 몰두하기 시작했다.

다만 학비와 생활비가 늘 부족해서 비싼 외과 전공 서적을 살 엄두도 내지 못했다. 대신 값이 싼 노트에 수업내용을 빼곡하게 필기하며 필사적으로 공부를 이어나갔다. 그리고 마음이 약해질 때마다 입학 전의 간절한 기도를 떠올렸다.

그의 노력은 얼마 지나지 않아 성적으로 드러났다. 입학 성적 31등, 2학년이 지나서는 단숨에 4등, 3학년에는 2등, 4학년이 되어서는 정점을 찍었다. 졸업 성적은 2등이었고, 좋은 성적을 기념하는 금메달도 손에 쥐었다.

어린 시절 — Childhood	1911년 8월 14일 ▼ 평안북도 용천군에서 2남 1녀 중 차남으로 출생	1918~1923년 ▼ 의성소학교 입학 및 졸업
	일제강점기	1919년 3·1 만세운동
	1914년 제1차 세계대전 발발	대한민국 임시정부 수립

세상에 **빛**을 밝힌 인물 1

그렇게 1931년 말, 경성의전을 떠날 시기를 맞이한 장기려는 바쁘게 안과나 내과의 교수들을 찾아 조수(조교) 자리를 부탁하기 시작했다. 무난하게 도립병원에 취직해 봉급 의사로 남기보다 누군가의 밑에서 실력과 경험을 쌓고 싶었다.

그때 선배 내과 의사인 김하식이 그가 바라 마지않던 제안을 했다.

"어느 과로 갈지 고민이 되면……외과는 어떤가? 마침 백인제 박사님의 조수 자리가 비어있다는데."

장기려는 바로 조수 자리를 받아들였다. 백인제 박사는 국내 최초로 충수염(맹장염)과 위 수술에 성공한 외과의사였으며, 구루병 등 혈액과 관련한 연구로 많은 업적을 남겼다. 그에게는 최고의 스승 밑에서 의술을 배울 기회를 얻은 셈이었다!

1923~1928년	1928~1932년
여름	
▼	▼
개성 송도고보 입학 감리교 감독으로부터 세례식	개성 송도고보 졸업 경성의전 입학 후 재학
관동대지진 및 조선인 대학살 사건 순종 황제 승하와 6·10 만세운동	미국발 경제 위기

변화 | Change | : 20~30대

백인제 박사의 제자 | 1932년은 새로운 변화를 맞이한 해였다. 장기려는 경성의전을 졸업한 바로 다음 달에 서울 새문안교회에서 결혼식을 올리고 한 가정의 가장이 되었다. 상대는 '외과'라는 진로를 제안한 선배 김하식의 딸 김봉숙이었다.

백인제 박사의 조수로서 외과 수련을 받기 시작한 시기도 이때였다. 당시 조수의 첫 월급은 10원이었고 몇 개월 뒤에야 40원으로 올랐다. 가족을 돌보기엔 턱없이 부족한 액수였다.

처음 넉넉한 살림의 처가에서 지낼 때는 그럭저럭 먹고살았는데, 분가해 부모님을 모시기 시작하고부터 생활이 더 어려워졌다.

이에 아내 김봉숙은 조금이라도 살림에 보탬이 되려 피아노를 치던 고운 손으로 삯바느질을 시작했다.

'안사람도 저렇게 고생을 하는데……'

장기려는 아내의 손을 떠올리고는 스승으로부터 하나라도 더 배우기 위해 애썼다. 그는 외과 3년 차에 첫 수술을 경험했고, 4년 차부터 '충수염 및 충수염성 복막염에 관한 세균학적 연구'에 몰두했다.

프랑스와 독일 등의 선진 기관을 시찰하고 돌아온 백인제 박사가 던져준 연구과제였다.

30대 당시 가족사진(윗줄 오른쪽)

당시 그는 무려 4년에 걸쳐 3백 명분의 충수를 구해 세균을 배양하는 등 총 '270가지 예'의 실험을 진행해 결과를 냈고, 1940년 3월 나고야 제국 대학에 연구결과가 담긴 논문을 제출했다.

"보세요, 나고야 대학에서 편지가 왔습니다!"

그해 9월 연구와 더불어 경성의전 외과학 강사, 외래환자 진료라는 바쁜 나날을 보내던 중, 장기려는 일본에서 날아온 편지를 받아들었다. 나고야 대학에서 보낸 편지 안에는 '논문이 통과되어 의학박사 학위가 내정되었다'는 기쁜 소식과

경성의전 재학 추정
(또는 외과 조수 시절)

장기려 | 113

함께 '그의 연구가 의학사에 큰 도움이 될 것[6]'이라는 메시지가 담겨있었다.

시간이 흘러 장기려에게 또 한 번 선택의 기로가 찾아왔다. 경성의전에 남아 연구를 계속할지, 아니면 이곳을 떠나 새로운 길을 모색할지 말이다.

"자네는 당연히 내 옆에 남아 연구를 계속할 테지?"

스승 백인제 박사는 당연히 장기려가 자신의 뒤를 이을 제자라고 여기고 있었다. 그러나 제자의 생각은 달랐다.

"죄송합니다, 박사님. 연구를 계속하는 것도 좋지만, 저는 환자를 직접 도울 수 있는 의사가 되고 싶습니다."

"자네 마음은 내가 잘 알아. 하지만 어디서나 '조선인' 의사로 일하기는 쉽지 않을 걸세."

스승은 제자의 앞날을 걱정해 여러 번 설득을 이어갔다. 하지만 제자는 뜻을 굽히지 않았고, 스승은 그 고집을 받아들였다.

"그럼 도립대전의원의 외과 과장 자리는 어떤가? 원한다면 추천해 줄 수 있네."

스승은 당시 출세의 지름길이라고 여겨지던 '고등관[7]' 자리를 제안했다. 그러나 제자는 일본인이 운영하는 병원에서 일본의 관료로 일한다는 것이 영 내키지 않아 그 제안마저 고사했다.

"정말 죄송합니다. 박사님의 제안을 두 번이나……."

---

[6] 당시의 충수염(맹장염)은 사망률이 높은 병이었는데, 그의 연구는 충수염을 일으키는 세균을 죽이는 약품 개발에 중요한 지표가 되기에 충분했다.

[7] 일제 강점기 때의 관료직으로 경성의학전문학교와 경성공업전문학교를 졸업하거나 고등문관시험에 합격하고, 일제에 충성 서약을 해야만 될 수 있었다.

"아니, 아니. 내게 사과할 필요 없네. 예전에 내가 자네와 함께 다방에 자주 갔던 일을 기억하는가?"

"네, 조수 중에 저만 데려가셔서 잘 기억하고 있습니다."

"유일준 교수가 한강에서 사고로 세상을 떠난 지 얼마 되지 않았던 때였지. 그때 자네와 함께 그 다방에서 차를 마시고 이야기를 나누며 친구를 잃은 마음을 달랬다네. 자넨 내게 그런 제자이니 죄송해할 필요가 없단 말일세."

백인제 박사는 자신의 제안을 연달아 거절한 제자에게 화를 내긴커녕 오히려 그를 대견하게 생각했다.

"그래도 내 마음을 이렇게나 서운하게 했으니, 앞으로도 그 초심을 잊지 말고 자네 뜻을 펼치시게."

그 무렵 장기려는 세브란스의전의 **이용설** 교수로부터 한 병원의 외과 과장 자리를 소개받았다. **평양연합기독병원 또는 기홀병원**으로 불리는 곳으로 과거 미국인 의료선교사 윌리엄 홀[8]을 기념하기 위해 세운 기홀병원과 그 부인인 로제타 홀이 세운 광혜여원을 합쳐 운영하던 병원이었다.

그러나 사실 '조선인 의사'가 기독교 계통의 병원이나 가난한 환자들이 많은 병원에서 일한다는 건 거의 모험에 가까웠다.

더욱이 장기려가 대전을 떠나 평양으로 향한 시점은 일제가 본격적으로 선교사들의 의료 선교를 방해하고 나선 시기와 맞물렸다.

---

[8] 한국 이름 마포삼열(William James Hall), 캐나다 출신의 의료선교사

'그래, 처음 의사가 되기로 다짐했을 때를 떠올리자.'

스승 백인제 박사는 제자의 부임 소식을 듣고 동아일보에 짧은 글을 기고했는데, 고난을 참고 정진해 초지를 지킨 훌륭한 인물이라는 칭찬과 격려의 말이 가득했다.

1940년 3월, 스승의 지지에 힘을 얻은 장기려는 선교사들이 세운 병원 중에서 두 번째로 규모가 큰 병원에서 일하기 시작했다.

두 채의 신식 건물 안에는 남녀와 어린이가 구분된 입원실, 외과와 내과 등 다양한 진료를 볼 수 있는 진료실과 검사실, 약을 제조하는 약제실 등이 있었다. 의사와 간호사를 포함한 직원만 120명, 하루 진료환자의 수도 어마어마했다.

장기려는 부임 직후부터 다른 일에 신경을 쓸 겨를도 없이 내원한 환자들을 돌보느라 바빴고, 덕분에 자신을 향하는 적대적인 눈길을 조금도 느끼지 못했다.

당시 기홀병원의 토박이 의사들은 한 다리 건너가 세브란스의전의 선후배 관계였는데, '경성의전 출신에 월급까지 많이 받고, 젊기까지 한 외과 과장'은 그들에게 빨리 뽑아버리고 싶은 눈엣가시였다.

텃세 속에서도 싹 틔운 연구 | 1930년대 후반, 중일전쟁이 길어지며 전쟁 물자가 부족해진 일제는 '조선과 일본은 하나'라는 뜻의 내선일체內鮮一體를 내세워 민족정신 말살과 수탈에 나섰다. 조선

학교에서 조선어 사용을 금지하고 일본어를 배우도록 했으며, 조선인들의 성과 이름도 일본식으로 바꾸도록 강제[9]하기 시작한 것이다.

또 일제는 일본 황실의 조상신 아마테라스 오미카미^{天照大御神}의 신위[10]를 각 가정에 두게 하는 등 '종교 탄압'을 시작했다. 기독교 선교사들이 세운 병원들 역시 그 마수를 피해 가지 못했다.

"아니, 기독교 병원 안에 신사를 만들고 참배까지 하라고요?"

"맞습니다, 이건 말도 안 됩니다!"

선교사들과 조선인 의사들은 함께 일제의 강압에 반발했다. 그러자 일제는 기다렸다는 듯 선교사들이 의사 면허를 따지 못하게 방해하거나 빼앗았고, 갖가지 죄명을 가져다 붙여 고초를 겪게 했다.

종래에는 신사참배를 거부한 외국인 선교사들 몇이 추방을 당하고 조선인 의사들이 병원에서 쫓겨나는 일이 벌어졌다. 장기려를 기홀병원에 소개했던 이용설 박사도 같은 이유로 세브란스병원을 떠날 수밖에 없었다.

1940년 11월 16일, 일제는 선교사들이 조선의 의료 사업에서 손을 떼도록 하려는 목적으로 **160명에 달하는 외국인 선교사들을 조선에서 강제로 추방했다**[11]. 당시 기홀병원 원장 **앨빈 엔더슨**[12]의 상황도 별반 다르지 않았다.

9) 당시 세브란스의전은 창씨개명의 물결에 휩쓸려 '아사히의학전문학교'로 이름이 바뀌는 수난을 겪었다.
10) 신을 모셔두는 자리. 사진이나 지방 따위를 이른다.
11) 1940년 11월~1942년 6월, 외국인 선교사들이 일제의 종교 탄압으로 인해 본국으로 강제 송환(추방)이 된 사건이다.
12) 한국 이름은 안도선(Albin Garfield Anderson), 미국 출신의 의료선교사이다.

"예? 제가 후임 원장이라고요?"

엔더슨 원장은 짐을 챙겨 조선을 떠나기 직전, 후임 원장으로 병원에서 일한 지 겨우 8개월 된 외과 과장 장기려를 지목했다. 외국인의 시선에서는 후임 원장이 세브란스 출신이든 경성의전 출신이든 크게 중요하지 않았다. 병원에서 유일하게 박사 학위를 가진 의사가 원장으로 합당하다고 생각했을 뿐이었다.

"부원장님, 경성의전 출신이 원장이 된다니요? 이게 말이나 되는 일입니까?"

"맞습니다, 이사회에 알려서라도 장기려 과장이 병원장이 되는 것만은 막아야 합니다!"

부원장 조동협과 회계직의 양요한은 세브란스 출신 의사들의 불만을 부추기고 다녔고, 한술 더 떠 '장기려 원장이 병원의 모든 의사를 경성의전 출신으로 바꾸려 한다'거나 '신사참배를 하라고 강요한다'고 모함을 했다.

결국 두 사람의 선동에 넘어간 병원 사람들은 장기려의 원장 퇴임을 요구했고, 이사회는 그들의 의견을 받아들여 장기려에게 사임을 권유했다.

그러나 장기려가 이를 받아들이지 않자 그를 다시 외과 과장으로 강등시키고, 세브란스의전의 김명선 교수를 초빙해 원장직을 맡겨 버렸다. 몸과 마음이 지친 장기려는 결국 '병원을 떠날까'를 고민했다.

'아니야, 이대로 떠난다면 그들의 음해가 사실처럼 여겨지겠지.

원장보다 외과 과장이 환자들을 더 가까이 볼 수 있는 자리니까 차라리 잘 된 거야.'

장기려는 허탈함을 떨쳐내고 본래의 자리로 돌아갔다. 그리고 묵묵히 환자들을 진료하며 세브란스 출신 의사들의 텃세와 따돌림을 버텨냈다. 오로지 '가족에 대한 사랑'과 '종교라는 마음의 기둥', 그리고 '의사로서의 신념' 덕분이었다.

그렇게 10개월이라는 길고 어두운 시련의 터널을 지날 무렵, 멀리서 빛 한줄기가 보였다. 시간이 지나도 변함이 없는 그의 모습을 다르게 보는 사람들이 하나둘 생겨났고, 그중에는 새로 부임한 원장 김명선도 있었다.

장기려를 모함했던 이들은 새 원장을 향해서도 날을 세웠다. 그러나 김명선 원장은 그들의 치졸한 술수에 넘어가지 않고 오히려 호된 반격을 했다. 분란을 일으킨 이들을 병원에서 쫓아낸 것이다.

오해를 푼 병원 동료들은 더는 장기려를 배척하지 않았다. 덕분에 그는 마음의 짐을 내려놓고 연구와 진료에 집중할 수 있게 되었다.

그렇게 장기려는 1942년부터 후배 민광식과 함께 2년간의 연구 끝에 '농흉[13]'에 관한 논문을 발표했고, 1년 뒤에는 '근염의 조직적인 소견'을 주제로 한 독자적인 연구를 조선의학회지와 일본외과학회를 통해 발표했다.

또 모두가 불가능하다고 말하던 간암 수술 '설상절제수술'에도

---

[13] 화농균의 전염. 늑강막 안에 고름이 생기는 병

도전했다. 3년 전 조선 최고의 외과 의사인 오가와小川 교수가 실패한 수술이었다.

사람의 간은 여러 개의 조각이 수많은 혈관으로 연결되어 잘못 손대면 생명까지 위험한 장기로, 아주 섬세하게 다뤄야 했다. 더구나 수술이 가능한 시간은 겨우 4시간뿐, 심도 있는 연구와 예행연습이 필요했다.

장기려는 심혈을 다한 수술을 무사히 마치고 약 일주일의 모니터링을 거쳐 수술의 성공 여부를 기다렸다. 놀랍게도 환자는 그 어떤 합병증도 없이 회복세에 접어들었고 혈압과 체온도 정상으로 돌아왔다. 그는 환자가 혼자서 산책할 수 있을 때가 돼서야 비로소 성공을 확신했다.

무의촌 진료와 성서사건 | 장기려의 간암 수술 성공 소식은 의학계를 흔들었다. 인터뷰를 원하는 기자들과 희망을 찾는 환자들이 문지방이 닳도록 병원을 찾아왔다.

그러나 그는 성공에 심취하거나 자만에 빠지지 않았다. 의사로서 정신없이 바쁜 일상을 보내는 와중, 시간을 쪼개고 쪼개 무의촌無醫村 진료를 시작했다. 의사가 없거나 의료 혜택을 받기 어려운 지역을 찾아가 진료를 하고 의료개선에 나서기 시작한 것이다.

이전부터 그는 이용설 박사의 기독교 의료계의 무상치료와 더불어 우치무라 간조[14]의 빈민 구제에 관심이 많았다. 과거 경성의전 시절에는 가난한 사람을 도우려 월급을 다 써버린 적이 많았고,

---

14) 内村鑑三, 1930년대부터 기독교 의료계에 '기독병원의 무료 진료'를 강력히 주장

어느 겨울날에는 거지에게 외투를 주고 본인은 덜덜 떨며 집으로 돌아오기도 했다.

이처럼 그는 자신의 신념을 주저하지 않고 행동으로 옮기는 사람이었다.

그러던 1942년 3월의 어느 휴일, 무의촌에 들렀다가 돌아오던 그는 노상에서 일본 순사들에게 붙잡혀 평양 경찰서로 끌려갔다.

"이보시오, 나는 기홀병원 의사요. 내가 무슨 잘못을 했다고 체포를 하는 거요?"

그러나 그들은 아무 대꾸도 하지 않고 장기려를 유치장에 가뒀다. 수십 명이 꽉 들어찬 유치장 안에 갇혀 덥고 막막한 12일을 보낸 뒤 석방된 후에야 전후 사정을 알 수 있었다.

당시 종교인이자 교육자인 김교신[15]이 무교회주의 사상을 알리기 위해 동인지[16] 「성서조선」을 발행했는데, 그 안에 실린 짧은 글이 총독부의 심기를 불편하게 만들었다. 총독부는 김교신을 포함한 잡지 관련자 전원을 잡아 서대문 형무소로 보냈고, 300명이 넘는 구독자들도 본보기로 잡아들였다. 장기려도 이 「성서조선」의 독자 중 한 명이었다.

12일간 유치장 신세를 치르고 난 후, 장기려의 일상은 다행히 안정을 찾았다. 평일에는 집과 병원을 오갔고 휴일에는 무의촌에 진료를, 주일에는 교회에 나갔다. 자신을 돌볼 시간도 없이 일과

15) 양정고보·개성 송도고보·성기중학 등에서 민족주의 교육과 역사교육을 통해 학생들에게 독립정신을 고취한 종교인이자 교육자
16) 사상, 취미, 경향 따위가 같은 사람들끼리 모여 편집·발행하는 잡지

봉사에 몰두하던 시간이었다.

"박사님……!"

어느 날 장기려는 정신을 잃고 쓰러졌다. 이웃에 살던 박소암 (이비인후과) 박사의 조치로 사고를 면했지만, 황달과 급성간염에서부터 과로와 영양실조, 스트레스로 인한 신경쇠약이라는 진단을 받았다.

그는 일을 내려놓고 묘향산 부근에 작은 집을 빌려 요양을 했다. 1945년 5월부터 3개월간, 말벗인 아내와 유유자적한 시간을 보냈지만 한 번 쇠약해진 몸은 쉽게 회복되지 않았다. 몸이 아프니 신경이 예민해지고 그 탓에 소화불량과 불면증도 심해졌다.

그러다 놀라운 말을 들었다. 일본의 쇼와 천황이 '무조건 항복'을 선언했다는 소식이었다.

"광복이구나!"

장기려는 아내의 만류에도 불편한 몸을 일으켜 짐을 챙겼다. 아내는 결국 남편을 부축해 평양행 기차에 올랐고 해방의 기쁨으로 떠들썩한 평양으로 돌아왔다.

그렇게 부부가 3개월 만에 집으로 돌아와 여독을 푸는데 불쑥 손님이 찾아왔다. 손님은 장기려에게 건국준비위원회의 위생과장이 되어달라 청을 했다. 나라에 조금이라도 도움이 되고 싶었던 그는 쇠약한 몸에도 불구하고 제안을 받아들였다.

이념과 신앙의 간극 | 장기려가 위생과장으로서 일을 시작할 무렵, 이북에는 공산주의 국가가 세워질 것이라는 소문이 돌았다. 이를 증명하듯 일본을 향한 선전포고를 계기로 한반도에 들어와 있던 소련군은 이북 전역으로 흩어졌고 각 지역에 소련 사령부를 설치했다. 그들은 평양에 입성해 군의 위용을 과시했고 이틀 뒤에는 남과 북을 잇던 경의선 철도와 전화, 사람 및 물자의 이동을 막았다.

갑작스럽게 남북이 분단되고 약 3개월이 흐른 1945년 11월, 장기려는 김명선 원장의 추천을 받아 평안남도 제1인민병원(전 도립병원)의 원장 겸 외과 과장으로 부임해 일하고 있었다.

그 사이 평양의 분위기도 아주 많이 달라져 있었다. 광복의 기쁨은 흔적도 없이 사라졌고 치안이 사라진 거리 곳곳에는 어딘지 험악하고 거친 냉기가 흘렀다. '북조선 민주청년동맹', 줄여서 민청으로 불리는 이들이 경찰을 대신해 치안의 부재를 메우겠다고 나섰는데, **이따금 병원에 들이닥쳐 칼로 의사들을 위협하는 횡포를 부렸다.**

특히 친일파 숙청이 시작되고부터는 사회 각계각층의 사람들이 죽어 나갔다. 병원 의사들은 곳곳에서 밀려 들어오는 환자와 시체에 정신이 나갈 지경이었다. 사람을 살리는 일보다 시신을 처리하는 일이 주된 업무가 되어버렸다.

장기려는 당장 병원을 그만두고 싶었지만, 공산주의 치하에서는 사직서를 낼 자유도 없었다. 자칫 잘못해서 반동분자로 몰린다면 가족들의 목숨까지 위험해졌다.

그런데 생각지도 못한 일이 벌어졌다. 도둑들이 병원 뒤뜰에 있던 옛 건물의 유리를 전부 떼어가 버린 것이다. 당은 책임을 전부 장기려에게 떠넘기고 원장 자리에서 쫓아냈다. 그는 기가 막히고 황당하면서도 마음 놓고 병원을 나올 수 있다는 사실에 홀가분함을 느꼈다.

다음 해 1월에 평안남도 제1인민병원이 새로 세워진 김일성대학 부속병원으로 바뀌었다는 소식이 들려왔다. 얼마 지나지 않아 김일성대학 관계자들이 휴식 중인 장기려를 찾아왔다. 김일성대학 부총장 박일, 의과대학장 정두현, 부속병원장 최응석 세 사람이었다.

그들은 친일파 숙청으로 생긴 공백을 메꿀 '인재'를 찾고 있었다. 장기려는 의사로서 실력도 출중했으며 친일이라는 결격 사유도 없었다. 가장 먼저 영입을 고려할 만한 인물이었다.

"장기려 박사님, 의과대학 외과학 교수와 강좌장 자리를 맡아 주십시오."

세 사람의 설득에 한참을 고민하던 장기려는 조건 하나를 내걸었다.

"주일(일요일)은 일할 수 없습니다."

그들은 장기려의 까다로운 조건을 받아들였고, 덕분에 그는 1947년부터 김일성대학 부속병원의 외과 교수로 일하기 시작했다. 하루의 반은 병원에서 진료하고 나머지는 의과대학에서 학생들을 가르쳤는데, 두 곳의 환경은 천지 차이였다.

부속병원은 재정이 날이 갈수록 열악해져 수술 도구도 제대로 마련하지 못할 때가 많았다. 장기려는 어떻게든 환자들을 치료하려 의료용품이 부족할 때마다 자신의 교수 월급을 탈탈 털어 채워 넣었다. 그의 아내도 생활고를 겪으면서도 직접 재봉틀로 환자복을 지어 물심양면 남편을 도왔다.

반대로 김일성대학은 당의 전폭적인 재정 지원 아래에서 풍족하게 운영되고 있었다. 그는 일본 의학 서적을 번역해 가르치는 다른 교수들과 달리 영어 원서를 가지고 수업을 해 학생들에게 인기가 좋았다.

당시 그는 어디서든 자신의 기독교적인 신앙을 숨기지 않고 드러냈다. 매일 새벽에 일어나 기도를 드리고 주일에는 반드시 교회를 찾았으며, 수술 전에도 항상 기도를 올렸다. **공산당이 종교의 자유를 인정하고 있던 시기라 가능했던 일이었다.** 물론 그마저도 오래가지는 못했다.

공산당이 본격적으로 종교 억압을 위한 분위기를 형성할 무렵, 민청에 속한 학생들이 학교 내 기독교인의 명단을 만들어 제명을 시도했다. 숙청의 위협을 느낀 학생들은 목숨을 걸고 38선을 넘어 월남을 해버렸고, 학교 안팎이 그 일로 뒤숭숭해졌다.

기독교인 장기려 역시 민청 학생들의 숙청 대상이 되기 충분한 상황이었다. 그러나 그들은 함부로 장기려에게 해를 끼칠 수가 없었다.

"이 장기려 박사는 평소에도 자신이 기독교인이라고 떠들어 댔소. 이 자 역시 제거해야 마땅하오."

"그건 그렇지만……장기려 박사는 '모범일꾼상'과 북조선 과학원으로부터 '의학박사' 학위도 받았소. 그게 무슨 뜻인지는 동무도 잘 알고 있지 않소?"

"게다가 의사로서 실력과 명성이 높고, 검소하고 헌신적인 행동으로 많은 인민들의 존경을 받고 있소. 함부로 건드릴 수 없는 인물이오."

장기려가 1947년 말쯤 김일성으로부터 받은 '모범일꾼상'은 남한의 대통령상과 비슷했고, '의학박사' 학위는 연구 실적이 아닌 '당과 인민에 얼마나 도움이 되었는가'를 보고 김일성이 직접 승인하는 학위였던 것이다.

이렇게 장기려가 북한 사회에서 주목하는 인사가 되어갈 때쯤, 남한이 단독으로 5·10 총선거를 통해 대한민국 정부를 수립했다. 그러자 북한 또한 그해 말에 조선인민공화국을 선포했다. 이로써 한반도에 두 개의 정부가 수립되고 말았다.

6·25전쟁과 이별 | 장기려는 오랜만에 휴가를 얻어 묘향산 휴양소로 향했다. 자연과 여유를 즐기며 평소 하고 싶었던 의학서 번역도 시작했다.

그런데 1950년 6월 20일 아침, 그는 김일성대학으로부터 비상대기하라는 연락을 받고 평양으로 돌아왔다. 병원에 도착해 웅성

거리는 직원들을 보고 나서야 '무슨 일이 터질 것 같다'는 느낌을 받았다.

며칠이 지난 25일 낮, 라디오를 통해 전쟁[17]이 공식적으로 알려졌다. '남한의 군대가 먼저 공격을 해서 불가피하게 남침을 했다'는 설명이었지만, 너머의 목소리에는 미세한 떨림이 있었다.

'광복을 맞은 지 얼마나 되었다고 전쟁이라니!'

전쟁의 물살은 턱밑까지 밀려와 모두의 일상을 뒤흔들었다. 북한의 의사 대부분이 군의관으로 전쟁의 최전방에 투입되었다. 반면 장기려는 '기독교인'이라는 이유로 제외되어 병원에 남아야 했다.

그렇게 날이 선 분위기와 감시 속에서 환자를 돌보던 중, 미국 맥아더 장군의 인천상륙작전과 함께 유엔군의 평양 공습이 시작됐다. 평양은 한순간에 쑥대밭이 되었다. 유엔군의 전투기가 때마다 하늘을 지나며 무서운 소음을 만들었다.

병원 역시 아수라장이 되었다. 폭탄 파편에 맞아 중상을 입은 환자들이 쉼 없이 실려 왔으나 치료할 의사가 턱없이 부족했다. 사방에 피비린내가 진동했고 곳곳에서 살려달라는 외침이 터져 나왔다. 장기려는 생지옥 속에서 동료 의사들을 이끌고 응급수술실 여러 개를 설치한 뒤 위급한 환자들부터 수술하기 시작했다.

"쾅!"

그때 엄청난 굉음과 진동에 모두가 놀라 몸을 웅크렸다.

---

17) 미리 남침을 위한 모든 준비를 끝내둔 북한은 '남북 총선거를 하자'는 제안으로 방심을 유도하고 새벽 4시 40분에 남침을 개시했다.

"위층에 폭탄이 떨어졌나 봅니다!"

장기려가 겨우 정신을 차리고 주위를 돌아보니 의료진들의 창백해진 얼굴이 보였다.

"자, 다들 침착해요. 공습이 지나갔으니 당분간은 괜찮을 거요. 일단 환자부터 살립시다."

그는 떨리는 몸을 일으켰고 수술을 계속했다. 다른 의사와 간호사들도 처음엔 겁에 질려 어찌할 바를 모르다가 침착하게 수술을 이어가는 장기려의 모습을 보고 점차 안정을 찾기 시작했다.

한 시간에 한 번의 수술!

그렇게 장기려와 의료진들이 수술실에서 꼬박 밤을 새우고 나왔을 때, 그들은 줄지어 수술을 기다리는 4백여 명의 환자들을 마주했다. 며칠이 지나도록 환자의 수는 줄어들지 않았다.

서울이 국군에 수복되자 유엔군은 38선을 밀고 올라오기 시작했다. 10월 10일, 유엔군이 원산을 함락하자 평양 곳곳에선 탈출 행렬이 이어졌다. 국군과 유엔군이 평양을 포위하기 직전에 평양의 지도부는 후퇴를 결정했다. 병원 사람들도 대피 명령에 하나둘 병원을 떠나기 시작했다.

장기려는 가족들이 피신해있는 반성으로 향했다. 평양에서 12km 떨어진 마을이었다. 그와 가족들은 안전을 위해 한동안 작은 동굴 속에서 숨어지냈다. 그렇게 국군과 유엔군이 평양에 점령하고 어느 정도 시일이 지났을 때, 경성의전 후배들이 용케 그의 피신처로 찾아왔다. 평양에 의사가 필요하다면서 손을 내민 것이었다.

고민하던 장기려는 가족들과 함께 평양으로 돌아왔다. 그가 찾은 기홀병원은 남한의 야전병원으로 바뀌어 있었고 병상에는 국군과 평양 사람들이 섞여 있었다. 의사 중에서도 아는 얼굴이 몇몇 있었다.

그는 의사로서 망설임 없이 부상병 치료에 뛰어들었다. 그에게는 남한과 북한의 구별은 의미가 없었다. 머릿속에는 오직 다친 환자를 살려야 한다는 생각뿐이었다.

오는 게 있으면 가는 게 있는 법이라고, 남한 측 군의관들도 장기려의 가족들에게 여러 도움을 주었다. 열 명이나 되는 가족의 식량과 살림살이를 보태주었던 거다.

장기려는 한 달 뒤부터 유엔^{UN} 관련 병원으로 옮겨 환자를 진료했는데, 누구의 눈치를 보지 않고 교회를 찾아 예배를 드릴 수 있다는 '자유'가 그 무엇보다도 좋았다.

"큰일입니다, 중공군이 내려온답니다!"

국군과 유엔군의 후퇴 소식과 함께 흉흉한 소문이 돌기 시작했다. 그러자 장기려의 머릿속에서 불길한 생각이 스쳤다.

'혹시라도 북한군과 중공군이 평양에 들어오면 내가 남한의 야전병원과 유엔 병원에서 근무한 일을 빌미로 보복당하지 않을까?'

우려대로 중공군 참전은 소문이 아니라 사실이었다. 물밀 듯이 내려오는 중공군에 국군과 유엔군은 후퇴할 수밖에 없었다.

바람 앞의 촛불 같은 평양의 상황을 마주한 장기려는 남한으로의 피난을 결심했다.

처음의 계획은 국군 수송대 관계자에게 부탁해 가족이 다 같이 대동강을 건너는 것이었다. 그러나 그의 부모님과 아내의 친정까지 합치면 사람 수가 너무 많았다.

그때 야전병원의 부원장인 안광훈 소령이 버스에 태워주겠다는 제안을 했고, 그의 대가족은 둘로 나뉘어 움직이기로 했다. 아내 김봉숙과 아이들, 아내의 친정 식구들이 먼저 대동강을 건너기 위해 길을 나선 사이, 그는 이종사촌 동생, 친한 친구와 함께 야전병원에서 구급차로 쓰던 소형버스에 올랐다. 이때 장기려의 둘째 아들 장가용은 아버지의 짐을 들어주다 얼떨결에 버스에 올라탔다.

이후 안광훈 소령은 고맙게도 버스를 그의 부모님이 있는 신양리 집으로 몰고 갔다. 그러나 부모님은 피난을 원치 않았다.

"중공군이 내려오면 젊은이들은 모두 죽인다니 너만 타고 떠나거라. 우리는 집을 지키겠다."

부모님을 설득할 시간이 없던 그는 홀로 돌아 나와야 했다. 버스는 다시 출발했고 대동강 인근에 이르렀다. 그때 대동강은 부교(임시다리)를 통해 강을 건너려는 수십만 명의 피난민들이 몰려들어 아수라장이나 다름없었다.

버스가 끝이 보이지 않는 피난민 행렬 사이를 지나 부교를 향해 나아가던 중, 아들 장가용이 "아버지, 저기 신용이……!"라고 외쳤다. 저 멀리 피난민들 사이에서 가족들을 발견한 것이다.

'차를 세워주십시오!'

장기려는 아들의 애타는 목소리를 들으며 불쑥 목구멍으로 밀려 올라오는 말을 내뱉고 싶었다. 그러나 차마 그 말을 할 수 없었다. 버스 안에는 다른 사람들도 있었고 그중에는 응급환자도 있었다. 이럴 때 함부로 버스를 세웠다가는 차를 올라타려는 피난민들로 인해 버스가 전복될 가능성이 컸다.

그렇게 버스는 가족들을 뒤로하고 부교 위를 내달렸다. 장기려는 엄마를 부르며 우는 아들을 끌어안고 곧 만날 수 있을 거라고 수없이 달래고 달랬다.

무사히 대동강을 건너온 장기려는 곧 중공군이 평양을 접수했다는 소식을 들었다. 마냥 가족들을 기다리기에는 강 너머도 안전하지 않았다. 그는 결국 아들을 데리고 피난길 행렬을 따라가기 시작했다.

폭설을 뚫고 남하하는 피난 행렬

11월은 피난민들에게 더 춥고 가혹한 계절이었다. 피난민들은 날이 어두워지면 빈집을 찾아 들어가 밥을 해 먹고 잠을 청했다. 그리고 날이 밝으면 다시 고된 길을 나섰다. 손발이 얼어붙는 추위와 배고픔, 피로가 모두의 발을 더욱 무겁게 만들었다. 평양에서 출발해 약 8일 만에 개성에 도착한 피난민들은 각자 목적지를 향해 흩어졌다.

중공군을 피해 살얼음이 뜬 대동강을 건너는 피난민들

장기려 부자父子는 피난민들 틈에 섞여 기차 지붕 한구석에 자리 잡았다. 기차는 시린 바람을 뚫고 남쪽으로 내달렸다. 꽁꽁 얼어붙은 몸으로 서울역에 내린 그때, 장기려는 놀랍게도 사촌 형 송기원과 마주쳤다. 거처도 마땅치 않은 상황에서 그를 만난 건 천운이나 다름없었다.

그는 따뜻한 집에서 며칠간 여독을 풀고 오랫동안 찾아뵙지 못했던 스승 백인제 박사의 집을 찾아갔다. 그러나 그를 기다리고 있던 건 북한 측 인사가 백인제 박사를 납치해갔다는 안타까운 소식이었다.

그런데 며칠이 지나 서울로 불안한 소문이 들려왔다. 국군과 유엔군이 열세에 처해 남으로 밀려나면서 서울까지 위험해진 것이다.

부산에 정착하다 | 그때 장기려는 부산 육군 부대에 소위로 근무하는 조카 장정용을 떠올렸다.

'부산으로 가자.'

장기려는 아들과 함께 서울역으로 향했고, 역에서 근무하는 사촌누이 남편의 도움으로 무개화차[18]를 얻어탔다. 일찍 철이 든 아들을 품에 끌어안고 매캐한 기차 연기를 맡기를 반나절이 지나고, 부자는 남은 일생을 보내게 될 부산에 도착했다. 1950년 12월 18일, 평양을 떠난 지 보름만이었다.

---

18) 無蓋貨車. 화물을 수송하기 위해 덮개나 지붕이 없는 열차 차량

'부산이 원래 이런 곳이었나?'

안 그래도 한없이 낯선 땅인 부산은 곳곳이 전국에서 모여든 피난민들로 난리였다. 40만 명이었던 인구가 순식간에 두 배로 늘어나며 집과 물, 생필품은 턱없이 부족했다. 당연히 물가는 끝을 모르고 치솟았다.

설상가상 장기려 부자에겐 집도 돈도 없었다. 당장 한 끼를 해결하는 일도 벅차기만 했다. 아는 사람도 많지 않았고 무작정 이웃의 인정을 바라기도 어려웠다.

그는 어떻게든 부산에서 자리를 잡기 위해 사람들을 찾아다녔다. 우선 조카 장정용을 찾아가 가족들의 안부를 나누고 이틀간 신세를 졌고, 평양의 산정현교회에 있다가 월남한 한상동 목사를 만났다.

다음에는 해군 군의감이 평양 출신이라는 이야기를 듣고 얼굴과 이름도 모르면서 서면 시청 앞 해군본부로 무작정 찾아갔다.

변화 — Change	1932~1938년	1938~1943년	
	경성의전 재학 및 졸업	경성의전 외과 강사로 근무	평양 기홀병원 원장직 취임·해임
	'김봉숙'과 약혼 후 결혼	평양 기홀병원 외과 과장 부임	성서조선 사건 연루
	경성의전 외과 조수로 근무	일본 나고야 대학 의학박사 학위 취득	간암의 설상 절제 수술 성공
	일제강점기		
	중일전쟁 발발	제2차 세계대전 발발	
			태평양전쟁

그런데 정문 앞에서 고향 후배 이상요 대위와 마주칠 거라고는 그 자신도 예상하지 못했다. 후배는 선배의 초췌해진 모습에 놀라고 안타까워했고 곧바로 장기려를 '제3육군병원'에 소개했다. 당시의 병원장 역시 평양 출신으로 월남한 이북 출신 의사들에게 일자리를 제공하고 있었다.

그렇게 장기려는 병원에서 군의관 대우를 받으며 의사 일을 시작했고, 아들 가용도 병원 약국에서 급사로 일하며 아버지를 도왔다. 가진 것도 없이 부산에 온 지 며칠 만에 일자리와 잠자리를 구했으니 이만하면 기적에 가까웠다.

그러나 화와 복은 같이 찾아왔다. 당시 이승만 정권을 배후에 두고 무시무시한 공권력을 휘두르던 방첩대^CIC 대원들이 찾아와 장기려를 느닷없이 끌고 간 것이다. 장기려는 평양에서의 이력으로 인해 '간첩'이라는 의심을 받고 가혹한 심문을 받았다.

1945~1947년	1950년
▼	▼
평양도립병원 원장 취임·해임	차남 장가용과 국군을 따라 월남
김일성 의과대학 강좌장(교수) 초빙	부산 제3육군병원 근무 시작
모범일꾼상 수상, 북한 최초 박사학위	삼일사 연행, 도움을 받아 석방
8·15 광복	**한국전쟁**
평양 체류	12월 월남
일본 항복과 종전	

그 사이 밖에서는 한상동 목사가 교회 사람들과 함께 장기려의 구명운동에 나섰다. 장기려는 그들의 도움으로 미국인이자 의료 선교사인 치솜^{W.H.Chisholm}의 보증을 받고 풀려나 아들의 곁으로 돌아왔다. 사람과의 관계가 중요함을 새삼 깨달은 순간이었다.
 '지금은 빈손이지만 내 곁에는 믿을 수 있는 사람들이 있고, 내 머릿속에는 그동안 쌓아온 지식이 있어.'
 병원으로 돌아간 장기려는 군의관들과 외과적 지식을 나누며 소통했고, 덕분에 김명학 박사 등 여러 의료계 인사와도 인연을 맺을 수 있었다.

신념 | Belief | : 40~50대

굽히지 않는 신념 | 장기려 부자가 성공적으로 부산에 뿌리를 내리기 시작할 무렵, 한상동 목사가 한 사람을 데리고 장기려를 찾아왔다. 미국에서 신학을 공부하다가 돌아온 전영창이라는 사람이었다.

그는 얼마 전까지 미국에서 모금을 통해 모은 5천 달러로 유엔민사원조처[19]에서 약을 사 피난민들에게 나눠줄 생각을 하고 있었다고 운을 뗐다.

"그런데 넬슨이라는 담당자가 차라리 그 돈으로 작은 의원을 열면 어떠냐는 제안을 하더군요."

"의원을 말입니까?"

"예, 만약 그렇게 한다면 매일 50인분의 약을 원조하겠다고 약속도 했습니다."

전영창은 그 자리에서 생각을 바꿔 한상동 목사를 찾아가 상의를 했고, 두 사람은 바로 경남구제위원회를 만들고 무료의원 개설을 결정했다.

"장기려 박사님, 가난한 이를 위해 기꺼이 일해줄 의사가 필요해서 찾아왔습니다."

---

19) 국제연합군이 한국전쟁 당시 난민이 대규모로 발생하여 커진 사회불안을 잠재워 후방 전선을 안정시키려는 목적으로 창설한 단체로 질병·기아 방지 같은 단기적이고 응급적인 구호정책을 추진했다. (UNCAC, 1953~1955)

장기려는 지지부진 길어지는 전쟁 상황을 떠올렸다. 민간 병원의 수는 한없이 부족했고 국군병원은 오직 군인들만 치료할 수 있었다. 피난민들 대다수는 병이 나도 돈이 없어 병원에 갈 엄두를 내지 못했다. 그 어렵고 피폐한 삶은 '피난민' 장기려의 피부에 와닿았다.

"저도 돈 한 푼 없는 피난민이었습니다. 그들을 돕는 일이라면 무엇이든 하겠습니다."

세 사람은 마음을 맞춰 가난한 환자들을 돕기 위한 무료 의원을 열었다. 물론 자본이 부족해서 부산 남항동의 제3영도교회 창고를 빌린 형태였다. 그들은 며칠 사이 30평 남짓한 공간에 칸막이를 세우고 진료실과 수술실, 약국 등을 설치했다.

모든 준비가 끝날 무렵인 1951년 7월 1일, 장기려는 국군병원을 사직하고 창고로 첫 출근을 했다. 창고를 개조한 허름한 병원 외관임에도 진료와 약이 무료라는 소문이 퍼지면서 환자들이 몰려들었다. 하루 평균 60여 명이던 환자는 어느덧 100명을 넘어갔다.

문제는 열악한 진료 환경이었다. 의사는 장기려 한 명뿐이었고, 의료용품이 부족해 나무판으로 수술대를 만들어 썼다. 전기도 일정하게 공급되지 않아 수술은 되도록 낮에 끝내야 했는데, 부득이할 땐 양초나 플래시를 동원했다.

진료비를 받지 않는 '무료병원'이라 전영창이 미국에서 모아 온 거금 5천 달러는 금방 동이 났다. 월급이 없는 장기려의 생활도 금방 곤궁해졌다.

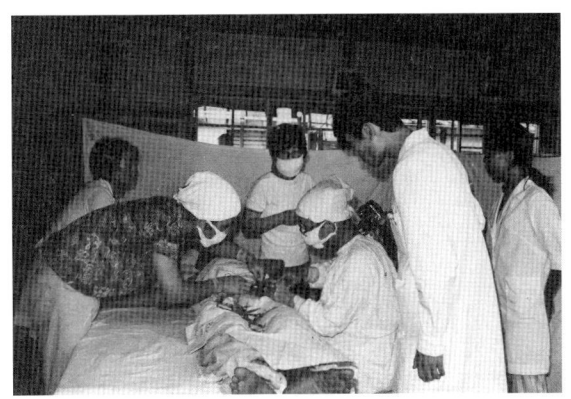
복음의원 천막 진료소 안

복음의원 의료진들과 함께

 원장 장기려와 총무 전영창은 다시 유엔 민사원조처를 찾아갔다. 책임자는 환자를 수용할 공간이 부족하다는 말에 바로 대형 군용 천막 세 개를 내어줬다. 그들은 곧장 인근 초등학교 옆 공터에 천막을 치고 새로운 수술실과 진료실을 만들었다.

 3일 뒤, 복음의원은 허가를 받은 정식 병원으로 거듭났다. 2개월이 지날 즈음 간호사와 서무, 약국, 구급차 운전을 맡아줄 사람들이 들어왔다. 국내외를 가리지 않는 자원봉사자들과 의사들의 지원으로 숨통도 틔었다.

 복음의원이 서울대학병원의 수술 실습 병원으로 지정되고 부산대학교 의대의 실습 장소로 활용되면서부터는 의대생들을 통해 부족한 의료진을 보충할 수 있었다.

 특히 서울 의대 교수로 부산에 와있던 전종휘[20] 박사의 합류는 원장 장기려에게 큰 힘이 되었다.

---

20) 경성의전 3년 후배, 가난한 환자를 돕는 장기려의 활동에 감명을 받고 복음의원 내과와 소아과에서 3년간 봉사했다.

천막병원 동지 겸 후배 전종휘 교수와 함께   당시의 장기려 박사

시일이 지나 복음의원의 운영은 말스베리^{D.R. Malsbary} 선교사의 지속적인 도움과 미국개혁교회로부터 매월 지원받는 5백 달러 덕분에 점차 안정궤도에 접어들었다.

장기려는 그 돈을 나눠 직원들의 월급을 줬는데, 그 기준은 부양가족의 숫자였다. 가족이 많은 전종휘 박사가 월급이 가장 많았고, 가족 수가 제일 적은 장기려 원장과 구급차 기사의 월급은 똑같았다.

그러나 누구도 불평하지 않았다. 원장과 직원들이 한마음이 되었기에 가능한 일이었다.

원장 장기려의 일상에는 쉴 시간이 거의 없었다. 새벽 기도를 하고 이른 아침 출근해 수많은 환자를 돌봤는데, 한 달에 한 번은 반드시 병원 문을 닫고 직원들과 무의촌을 찾았다.

"종일 병원에서 일하시고 힘들지 않으세요? 무의촌 진료는 한 번 정도 쉬셔도 되지 않을까요?"

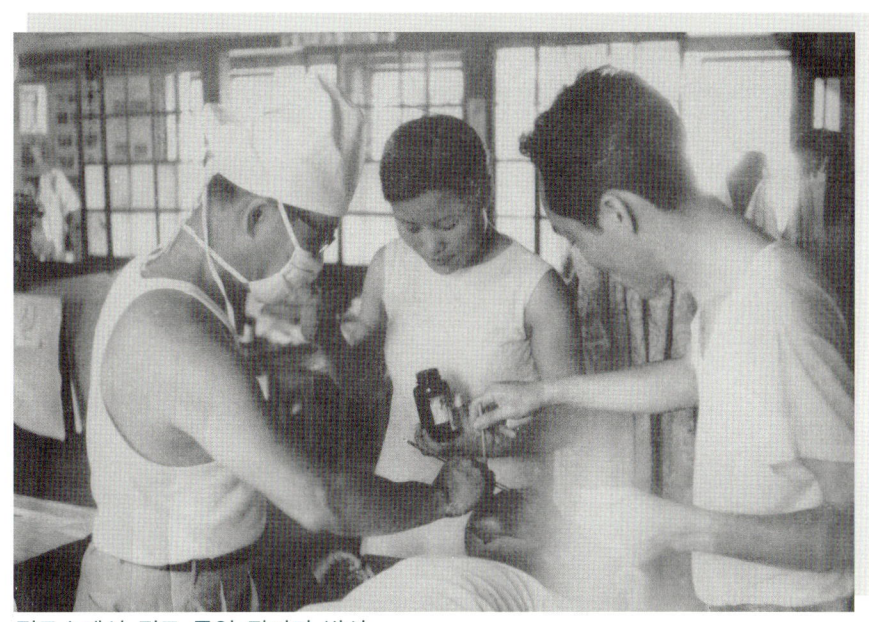

진료소에서 진료 중인 장기려 박사

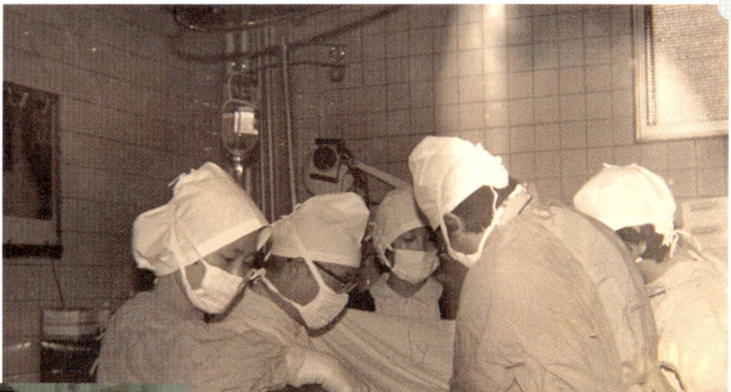

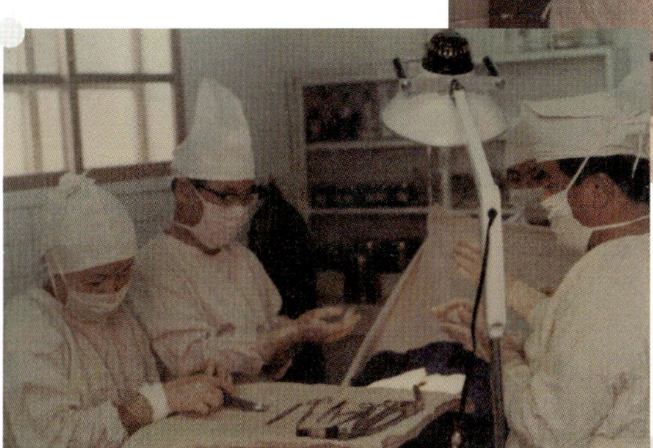

수술 중인 장기려 박사

당시의 그라면 이 질문에 이렇게 답했을 것이다. 자신에게 있어 **무의촌 진료는 "아무것도 소유하지 않고 진정하게 의사로서만 살아간 시간이며, 의료인으로서 뜻깊은 보람을 느낄 수 있는 순간"**이라고 말이다.

그 시기 장기려의 말과 행동은 사람을 끌어모았다. 복음의원의 행정처장 정기상은 과거 전쟁에서 입은 상처로 혼자서는 보행이 어려운 환자였다. 그는 장기려와 복음의원의 도움으로 어느 정도 걸을 수 있게 되자 고마움을 갚기 위해 병원 일을 돕기 시작했다. 약국의 직원 어재선 또한 골수염 치료를 받고 호전된 뒤부터 조제사 일을 배워 약국 일을 시작한 경우였다.

두 사람 모두 환자가 병을 치료하고 퇴원한 이후에도 환자를 도우려 애썼던 장기려의 책임감이 만든 특별한 인연이었다.

어느덧 복음의원에 방문하는 환자 수가 하루 200명을 넘어섰다. 시간이 흐를수록 운영비가 부족해지며 환자에게 약을 주지 못하는 일이 잦아졌다.

"후원이 언제까지 이어질 거라 장담할 수가 없습니다. 이대로 가다간 병원 운영 자체가 힘들어질 테니, 적더라도 진료비를 받아야 합니다."

"그럴 수는 없네. 복음의원은 무료 진료를 위해 만든 병원이 아닌가."

"하지만 원장님, 병원 문을 닫으면 무료 진료조차 할 수 없게 됩니다. 그럼 진료비 대신 원하는 환자들에게 기부금을 받는 건

어떨까요?"

장기려는 한참을 고민하다가 결국 고개를 끄덕였다. 며칠 뒤부터 복음병원 곳곳에 최소한의 운영비를 채우기 위한 '감사함'이 설치되었다. 형편이 되는 환자들의 성의는 잠시나마 병원의 숨통을 틔워주었다.

새로운 발돋움 | 1953년 7월 27일, 남과 북은 전쟁을 멈추고 휴전협정에 합의했다. 전쟁에 떠밀려 내려온 피난민들은 하나둘 짐을 싸 들고 귀향길에 나섰다. 부산으로 옮겨왔던 각 기업과 학교, 병원도 원래 있었던 곳으로 돌아가기 시작했다.

복음의원 안에서도 고향으로 돌아가는 직원들이 많았다. 복음의원에서 물심양면으로 큰 도움을 주었던 전종휘 박사도 교수로 일하고 있던 서울 의대가 서울로 옮겨지면서 부득이하게 복음의원을 떠나야 했다.

그러나 장기려는 부산에 남았다. 북쪽이 고향인 피난민들과 마찬가지로, 귀향길에 나선 이들의 뒷모습을 그저 슬프게 바라볼 뿐이었다. 가족이 있는 고향은 이제 휴전선이 가로막혀 가고 싶어도 갈 수가 없게 되었다. 간신히 들린 소식이라고는, 월남 당시 대동강을 건넜던 가족들이 피난민 행렬을 앞지른 중공군을 피하고자 어쩔 수 없이 평양으로 되돌아갔다는 이야기뿐이었다.

대동강 다리에서의 이별이 평생의 이별이 될 줄은 몰랐기에 그리움은 더 사무쳤다. 하지만 다행히도 옆에 둘째 아들 가용이 있어

무너지지 않았다. 가난한 사람들에 대한 애정과 배움에 대한 열정, 그리고 마음의 지지대인 신앙도 있었다. 장기려는 어디에서 무엇을 하든 사람들을 돕고 선함을 베풀면 그 복이 북쪽의 가족들에게 돌아갈 거라고 믿었다.

휴전 이후 복음의원은 또 한 번 재정의 위기를 맞았다. 병원을 찾는 환자들은 점점 늘어나는 반면 외부의 원조와 후원은 줄어들고 있었다. 그동안 복음의원을 도와줬던 유엔 민사원조처의 철수 소식도 들려왔다.

'가난한 사람들을 돕겠다고 시작한 병원이니 사정이 어렵다고 영리를 쫓아선 안 된다'는 생각은 굳건했지만, 이대로 가다간 정말로 병원 문을 닫아야 할지도 몰랐다.

장기려는 고심 끝에 '환자 한 명당 100환'의 치료비를 받기로 했다. 물론, 약값과 운영비를 충당하기엔 이마저도 적은 돈이었다.

당시 전종휘 박사는 장기려의 갈등과 어려움을 너무도 잘 알고 있었다. 그래서 서울로 올라가기 전에 복음의원을 접고 서울로 함께 올라가자고 여러 번 설득했다.

그러나 장기려는 복음의원을 포기할 수는 없었다. 머릿속에는 부족한 운영비에 휘청이는 병원을 살려야겠다는 생각뿐이었다. 그는 병원 운영비를 마련하기 위해 전종휘 박사가 제안한 서울 의대의 교수직을 받아들이고 서울과 부산을 왕복하기 시작했다. 밤 열차를 타고 서울 대학병원에서 강의와 진료를 하고, 오후에 다시 기차로 부산에 돌아와 환자들을 치료하는 빠듯한 생활이었다.

그러던 1954년의 가을날, 말스베리 선교사가 갑작스레 장기려를 찾아왔다. 선교사는 얼마 전 병원의 어려운 사정을 듣고 미국군사원조단AFAK을 방문했던 이야기를 꺼내놓았다. 책임자에게 '복음의원처럼 좋은 일을 많이 하는 병원을 왜 도와주지 않는지' 항의 아닌 항의를 했다는 것이었다.

그러자 AFAK 측은 미군 부대가 철수하며 남은 건축 자재를 무료로 원조하겠다는 제안을 꺼냈다. 병원을 지을 땅과 공사비는 복음의원 측에서 부담한다는 조건도 걸었다. 문제는 말스베리 선교사가 복음의원 측의 의사를 묻지 않고 대뜸 '알았다'고 답해버린 부분이었다.

'병원 운영도 빠듯한데 부지와 공사비를 어떻게 구한다……?'

"장 원장님, 제가 설립한 고려신학교와 복음의원을 통합하는 건 어떨까요?"

"통합이요?"

"네, 그러면 부지 걱정은 하지 않아도 될 겁니다."

한상동 목사의 아이디어는 이랬다. 복음의원을 고려신학교의 부속병원으로 삼아서 한곳에 건물을 짓자는 것이다.

"괜찮은 생각 같은데요?"

세 사람은 의견을 모았고 교회를 통한 모금을 시작했다. 교회 헌금이 차곡차곡 쌓여 송도 땅 1만 5천 평을 마련할 수 있는 돈이 모이고, 말스베리 선교사는 직접 미국으로 건너가 공사비 3만 달러를 모금해 왔다.

1954년, 우여곡절 끝에 첫 삽을 뜨며 공사가 시작되다. 공사비가 떨어져 중단될 위기에 놓이기도 했지만, 말스베리 선교사가 미국의 친구들에게 편지를 보내 재차 3만 달러를 모아왔다.

그렇게 현대식 병원 건물이 거의 완공되어 가고 있을 무렵, 부산 의대 정일천 학장이 장기려를 찾아왔다.

"부산 의대 교수로 와주실 수 있을까요?"

장기려는 나쁘지 않은 제안이라고 생각했다. 사실 서울과 부산 왕복 열차에서 허비하는 시간이 아까워 병원이 완공되면 서울 의대 교수직을 내려놓을 생각이었다.

1년여가 지나고 복음병원 건물이 완공되었다. 병원의 규모는 전과 비교할 수 없이 커졌고 그만큼 직원 수도 늘어났다. 새로운 직원들과 신식 설비와 달라진 체계들까지……. 원장으로서 신경 써야 할 일도 늘어난 반면, 그가 혼자서 결정할 수 있는 일은 전보다 줄어들었다. 병원 운영과 관련하여 '사공'이 많아진 것이다.

'복음의원을 만들 때의 초심을 지키기 어려워지겠구나.'

장기려의 짐작대로 병원의 재개원이 가까워지자 '진료비 100환은 적다', '진료비를 높여야 한다'라는 의견에 힘이 실렸다.

그도 병원 규모에 따라 운영 비용이 몇 배로 늘어났다는 현실적인 이유를 외면하지 못했다. 모든 환자에게 병의 경중에 따른 진료비를 받되 극빈자에게는 진료비 면제하는 방안이 최선이었다. 그러나 안타까운 마음과 자책감이 남모르게 그의 어깨를 눌렀다.

장기려는 '원장'이라는 무거운 가운을 벗고 오롯이 외과 의사와 의학도로서 시간을 보낼 수 있는 곳으로 향했다. 바로 부산 의대였다.

그는 그곳에서 병원 운영이라는 골치 아픈 문제에서 벗어나 오로지 환자만을 생각하며 외과적 수술이 필요한 수많은 환자를 치료해나갔다. 또 1956년에는 외과교실팀을 만들어 간 외과학 연구를 시작했고, 간에 기생하는 기생충 질환 간디스토마[21] 연구에도 참여했다.

어느 날, 위궤양에 걸린 청년이 병원을 찾아왔다. 그러나 수술을 해야 한다는 의사의 진단에도 청년은 돈이 없어 수술을 망설이고 있었다.

"여기서 뭐 하세요? 내일 수술인데 어서 입원 수속 밟으셔야죠?"

"아, 저는 아직 수술비 준비를……."

"환자분 수술비는 이미 다 납부됐어요."

"네? 제 수술비를요? 누가 그렇게 큰돈을……?"

놀라서 눈이 커진 청년에게 간호사는 대수롭지 않은 얼굴로 대답했다.

"원장님께서 또 수술비를 대신 내셨어요."

장기려는 이렇게 형편이 어려운 환자들의 수술비와 입원비를 대신 내주곤 했고, 간혹 입원비가 없어서 퇴원을 못 하던 환자를

---

[21] 날것이나 식품 등을 매개로 감염되는 기생충 질환. 생선을 많이 먹는 부산사람들이 많이 걸리는 병이라 부산 의대에서 간디스토마 연구가 활발하게 이뤄졌다.

밤에 몰래 뒷문을 열어 병원에서 나가게 하기도 했다. 다음 날 이 사실을 안 원무과장이 장기려에게 잔소리와 타박을 쏟아냈지만, 백기를 드는 사람은 언제나 원무과장이었다.

당시의 장기려는 환자들에게 보답을 바라지 않았다. 그러나 도움을 받은 환자들의 마음은 달랐다.

"장 원장님을 좀 뵐 수 있을까요?"

부산비닐 양재원 사장이 불쑥 원장실 문을 두드렸다. 얼마 전 복음병원에 입원했다가 퇴원한 부산비닐 직원이 장기려와 병원 직원들에게 많은 도움을 받았다는 이야기를 사장에게 전했다. 감동한 양재원 사장은 의료진들에게 선물할 비싼 양복을 양손 가득 들고 찾아왔다.

"이건 너무 비쌉니다. 받을 수 없습니다."

장기려가 극구 사양하자 양재원 사장은 조금 싼 양복으로 바꿔 왔다.

'아니 이래도 안 받으신다고?'

양재원은 몇 번의 거절에도 꿋꿋하게 원장실로 양복을 보냈고, "선물을 받아달라!", "괜찮다! 받을 수 없다!" 실랑이했다. 그리고 두 사람은 어느 순간 원장실에 앉아 담소를 나누기 시작했다.

"간 연구소 연구비가 부족하시다면서요?"

어느 날엔가 대화 중에 간 연구소 이야기가 나오자 양재원 사장은 곧장 거래처인 낙희상사로 달려갔다. 그리고 구인회 회장(LG 그룹 창업자)에게 복음병원 원장과 의사들의 선행을 줄줄이 나열

했다. 전부터 사람들을 통해 장기려 원장에 관한 이야기를 많이 들어왔던 구인회 회장은 흔쾌히 100만 환을 연구비로 내놓았다.

덕분에 간 연구소는 간 연구에 박차를 가할 수 있었고, 장기려는 1959년 10월 20일에 간암 환자의 간을 절제하는 '간 대량 절제수술'에 성공했다.

이는 우리나라 최초로 체계적인 간 연구에 성공한 학문적인 업적이었으며, 많은 간암 환자들에게 희망을 주었다. 1961년 장기려는 연구논문을 인정받아 대통령상을 받았고, 수술방법은 외과 의사들에게 교과서처럼 통하게 되었다. 또 '간 대량 절제 수술의 최초 성공'을 기리기 위해 의학계에서는 매년 10월 20일을 '간의 날'로 제정하여 기념하고 있다.

변화를 일으키며 | 외과 의사로서 큰 명성을 얻은 뒤로 장기려의 일상은 더 바빠졌다. 복음병원과 부산 의대뿐만 아니라 백병원과 서울가톨릭의대에서도 간간이 외과 수술 요청이 들어왔다. 그때마다 그는 거부하는 법 없이 환자를 살리기 위해서라면 어디서든 최선을 다했다.

1959년 가을로 접어들 무렵, 한반도 역사상 최악의 태풍이라 불린 사라호가 남부 지방을 휩쓸었다. 특히 부산의 피해는 심각했다. 부산 시내로 바닷물이 범람해 집과 도로가 잠기고 건물과 교량이 파괴되었으며, 낙동강이 범람하며 대규모 정전사태를 불러왔다. 전화선마저 끊겨 한동안 외부로부터 고립되기도 했다. 그때 자연재해로 집을 잃은 이재민들의 대부분이 전쟁 후 열악한 주거 환경에서 살아가던 사람들이었다.

'어? 저긴 창고로 쓰는 판잣집인데?'

부산대학병원에 출퇴근 하던 장기려는 병원 건물 뒤쪽의 조그만 판잣집을 드나드는 사람들을 발견했다. 그곳은 일제강점기 때 모르핀 중독자 진료소로 쓰이던 곳이라 도무지 사람이 살만한 장소가 아니었다.

'왜 이런 곳에 사람들이 있지?'

그가 슬쩍 안을 들여다보자 추위와 굶주림에 방치된 8명의 행려병자[22]들이 있었다. 그들은 하나같이 초췌하고 지친 모습이었다.

장기려는 곧장 평소 친분이 있던 사람들에게 전화를 돌렸다. 머릿속엔 그들을 도와야 한다는 생각뿐이었다. 일신산부인과 병원장 맥켄지[23], 내과 의사 이준철, 치과 의사 유기형이 바로 회신했다. 그는 세 사람과 함께 만든 '부산기독의사회'를 통해 행려병자들에게 식사와 약을 제공하며 최소 한 달에 한 번은 판잣집을 찾아 그들의 건강 상태를 살폈다.

그때 장기려는 행려병자들을 복음병원으로 데려가 제대로 치료를 받게 하고 싶었다. 하지만 아무리 병원장이라도 독단적으로 결정할 수는 없었다. 그는 복음병원의 의사와 간호사 몇 명을 판잣집으로 보내 상황을 살피게 하고 그들의 생각을 물었다.

[22] 行旅病者. 연고 없이 떠돌아다니다가 병이 들어 치료나 간호를 하여 줄 사람이 없는 사람들을 말한다.
[23] 한국 이름은 매혜란(Helen P. Mackenzie). 호주 출신 선교사이자 의사이며 부산 일신기독병원의 설립자이다.

"그들을 병원에 데려오는 건 힘든 일일까요?"

"무슨 말씀이세요, 원장님? 당연히 병원으로 데려와 치료를 받을 수 있게 도와야죠."

판잣집을 보고 온 의사들과 간호사들은 다행히 열악한 환경에 방치된 행려병자들을 안타깝게 생각했다. 그는 직원들에게 깊은 고마움을 느꼈다.

그러나 복음병원 의료진의 헌신적인 치료에도 불구하고 그들 중 6명은 병이 악화해 세상을 떠나고 말았다. 이 안타까운 사연은 부산 시민들에게 전해져 **행려병자에 대한 사람들의 인식을 바꾸는 하나의 계기가 되었다**[24].

해가 바뀔 때쯤, 장기려는 과거 여러 번 거절했던 '서울 의대 교수직'을 받아들였다. 한 후배가 미국에서 외과 전문의 자격증을 따고 서울 의대로 돌아왔다는 소식이 계기가 되었다. 그는 후배를 통해 간접적으로 '미국의 선진 의학'을 접하고, 다음 해에 해외로 나가 자신의 학구열을 해소하기로 마음먹었다.

장기려의 첫 해외여행은 미국과 유럽을 거치는 장장 5개월간의 여정이었다.

그는 미국의 여러 대학과 병원을 둘러보고, 유럽을 거쳐 이집트 카이로, 인도의 뉴델리, 태국의 방콕, 홍콩의 큰 병원들을 방문했다. 또 국제외과학회에 참여해 실력 있는 의사들과 교류하고 선진국의 수술 현장과 첨단 의료 장비를 두 눈으로 확인하는 뜻

---

[24] 당시 부산시는 행려병자 시설을 만들어 복음병원의 선행에 화답했고, 1960년 4월 7일 보건의 날을 맞아 장기려에게 부산시장상을 수여했다.

깊은 경험을 했다. 그리고 귀국길에 올랐을 때, 그의 마음가짐은 외국의 선진 의학을 막연히 동경하던 때와 달라졌다. 한국의 의학기술도 선진국에 뒤처지지 않는다는 믿음이 생긴 것이다.

이후인 1962년 12월, 장기려는 간질환자회의 회장을 맡아 적극적인 '변화'에 나섰다. 당시에 간질은 전염병이라는 근거 없는 낙인으로 인해 사회적 인식이 좋지 않았다. 간질 환자들은 사람들의 편견과 차별 때문에 자신의 병을 숨겨야 했다. 하지만 병은 숨길수록 더 곪는 법. 간질 환자들은 치료할 기회를 놓쳐 목숨을 잃기도 했다.

'간질에 대한 사람들의 인식을 바꾸고, 간질 환자들이 세상 밖으로 나올 기회를 만들어보자.'

그는 '간질 환자들을 위한 장미회'의 창설에 참여하고 적극적으로 활동했다. 일자리 알선을 시작으로 정기적인 음악회와 강연회를 열었으며, 매월 모임을 열어 간질 환자를 진료하고 소통했다.

약 20년 동안 8000여 명이 넘는 간질 환자가 장기려를 통해 희망을 얻어갔다.

부산모임과 청십자의료보험 | 장기려는 1957년부터 성서를 연구하는 부산모임을 만들어 활동하고 있었다. 부산 의대의 의사와 의대생 소수가 모여 성서를 읽고 자유롭게 서로의 생각을 나누는 소박한 모임으로 시작되었는데, 모임 장소는 리더인 장기려가 둥지를 옮길 때마다 달라졌다. 처음에는 부산 의대 외과 의국이었고

어느 날부턴 안월동의 작은 약국이었다가 복음병원으로 옮겨갔다.

해마다 참여자가 늘어나고 모임이 커지자 장기려는 격월로 회보 <부산모임>을 발행해 자신의 글을 실었다. 손수 적은 글씨 하나하나에는 그의 신앙이 고스란히 담겼다. 그에게 글쓰기란 머릿속에만 남기기 아까운 생각을 기록하고 다른 사람에게 전할 수 있는 가장 효과적인 방법이었고, 덕분에 오랜 기간 신앙과 의학이라는 분야를 넘나드는 글들을 남길 수 있었다.

1968년, 미국에서 흑인해방운동가 마틴 루터 킹 목사가 암살로 목숨을 잃고 공화당 후보 리처드 닉슨이 대통령에 당선된 해였다. 장기려와 부산모임에도 많은 일이 있었다. 시작은 그와 오랜 인연을 이어온 함석헌[25]이 부산모임을 찾아와 성서 강의와 풀이를 하면서부터였다.

당시 함석헌은 '정권에 맞서는 인물'로 낙인찍혀 일거수일투족을 감시당하고 있었는데, 어느 날부턴가 의심의 시선이 조그만 종교 모임으로 옮겨졌다. 이후로 부산모임은 이유도 모른 채 모임 장소를 빼앗기거나 사복형사가 녹음기를 숨기고 잠입하는 소동을 여러 번 겪기도 했다.

다행히 정부는 그 어떤 빌미도 잡지 못했고, 장기려가 '일평생 몸과 마음이 아프고 흔들릴 때마다 의지'한 안식처는 위기를 넘기고 안정을 찾았다. 그를 중심으로 신앙을 나누고 서로를 응원하는 사람들도 그대로였다.

---

[25] 독립운동가·민중운동가이다. '폭력을 거부'하고 '권위에 저항'하는 등의 일관된 사상과 신념으로 일평생 일제와 독재에 맞섰다.

"의료보험에 대해 들어보신 적 있으시죠?"

어느 날 부산모임 멤버 중 누군가가 의료보험이라는 화제를 꺼낸 일이 있었다.

"이걸 한 번 봐주시죠."

그러자 채규철은 기다렸다는 듯 덴마크 의료보험증을 보여주며 자신이 겪은 일을 이야기했다. 덴마크 유학 시절에 몸이 아파 병원에 갔지만 돈이 없어서 난감했는데, 치료비가 공짜라는 말을 들었다는 거다. 깜짝 놀라 몇 번이고 되물었지만, '진짜 공짜'라는 대답이 돌아왔다!

"이 의료보험증만 있으면 덴마크에서는 병원비를 내지 않아도 됩니다. 누구든 돈 걱정 없이 병을 치료할 수 있는 그곳이 바로 천국 아닙니까?"

그 말을 들은 부산모임 멤버들은 반신반의했다. 1963년에 정부에서 만든 의료보험법이 사람들의 인식과 신뢰 부족으로 큰 효과를 보지 못했기 때문이다. 기업에서 시작한 의료보험 시범사업도 마찬가지였다.

'우리나라에서 의료보험 사업을? 과연 가능할까?'

장기려는 실현 가능성을 두고 깊이 고민했다. 사실 그도 북한의 사회보장제도와 전반적인 무상치료제도를 경험하고 의료보험에 대해 막연한 생각을 이어오던 중이었다.

'북한과 달리 강제성 없어도 구성원들의 충분한 사회적 합의를 통해 안정적으로 운영될 수만 있다면…….'

"한 번 시도해 볼 만하지 않나?"

부산모임 멤버들은 장기려의 결심에 힘입어 해외의 의료보험 사례를 뒤지기 시작했다. 그러다 조광제가 미국 문화원을 통해 1928년 미국 댈러스에서 시작된 민간의료조합 청십자^{Blue Cross}를 찾아냈다.

'한 사람은 모든 사람을 위해, 모든 사람은 한 사람을 위해!'

미국의 청십자조합은 가입한 회원들이 일정한 회비를 내고 병이 생기면 치료비를 지원받는 방식으로 운영되고 있었다. 미국 대공황에 직면한 교직원들이 의료비를 마련하기 위해 시작된 작은 품앗이가 4년에 걸쳐 지역사회에서 미국 전역으로 확대된 것이다.

"그럼 우린 부산에서 해봅시다."

장기려와 부산모임 일동은 한마음처럼 움직이기 시작했다. 미국 청십자의 구심점이 학교라면 그들의 구심점은 교회였다. 그들은 미국 문화원 원장 랄스 루이스^{Ralph Lewis}의 도움을 받아 부산 시내의 교회에 청십자 창립의 취지를 알리는 홍보를 이어갔다. 그러자 100여 곳 중 23곳에서 긍정적인 답이 돌아왔다.

'이제 시작이구나!'

장기려와 조광제, 채규철, 이서민 등은 23명의 교회 대표들과 함께 복음병원 분원에 모여 우리나라 최초의 민간의료보험조합인 '청십자의료보험조합'을 발족하였다. 첫 가입자는 총 723명, 가입비 100원과 매월 60원의 회비를 낼 수 있다면 국적과 인종, 종교 상관

없이 누구든 조합원이 될 수 있었다. 자장면 한 그릇 값이 50원이었음을 감안하면 상당히 저렴한 수준이었다.

청십자의 시행착오와 성장 | 뭐든 처음 시작할 때는 삐걱거리기 마련이다. 청십자의 검사 지원 현장에서도 여러 혼선이 빚어졌다. 복음병원 등의 협력병원에서 무료 검사를 받던 조합원 몇몇이 회충약 비용을 내야 한다는 말에 불만을 드러낸 것이다.

수개월 뒤인 1968년 8월 10일, 청십자의 첫 회보인 <청십자 뉴스>에 조합장 장기려의 글이 실렸다.

'<mark>의료보험은 건강할 때 아픈 누군가를 돕기 위해 가입하는 것이며, 자신도 병이 나면 같은 도움을 받을 수 있다</mark>'는 청십자의 정신을 알리고 조합원들의 양해를 구하는 내용이었다. 회충약은 지원 대상이 아니지만 회원들이 조합의 정신을 이해할 때까지 약값을 조합이 대신 내겠다고 말이다.

그리고 글의 마지막에는 짧은 문장을 보탰다.

"누구나 아프면 도움받는다."

그 문장은 놀랍게도 사실이 되었다. 어느 위암 수술 환자는 6만 원이 넘는 수술비에서 3분의 1의 돈만 냈다. 어느 맹장 수술 환자는 수술비로 단돈 1천 원을 냈다. 그들의 경험은 자연스럽게 부산 곳곳에 알려졌다. 당연히 회원 수도 부쩍 늘어났다.

그와 동시에 수면 아래에 있던 문제들이 하나둘 떠올랐다. 그중 회비 미납은 가장 고질적인 문제였다. 장기려는 '회비 납부를 당부하는 글'을 회보에 여러 번 실었다.

"어떤 사람은 성실히 회비를 내고도 몸이 건강해서 혜택을 받을 필요가 없었는데, 어떤 사람은 회비 한 번을 안 냈는데 치료비를 지원받았지 뭡니까?"

점점 상황이 악화가 되자 여기저기서 불만의 목소리가 들려왔다. 장기려는 결국 몇 달이 넘게 회비를 내지 않은 회원의 자격을 박탈하기로 했다. 그러나 극단의 조치에도 미납률은 좀처럼 낮아지지 않았고, 이는 '진료비가 회비를 초과'하는 적자로 이어졌다.

조합장 장기려는 적자를 해결하기 위해 자신이 부산에서 쌓은 인맥과 평판, 신뢰를 적극적으로 활용했다. 청십자의 설립 목적과 행보를 지지하는 사람들은 기꺼이 주머니를 열어 기부를 이어나갔고, 협력병원과 동료 의사들도 도움의 손길을 내밀었다.

1969년 3월, 청십자는 스웨덴아동구호재단SSCF 중심으로 조직된 부산의료협정조합과 인연을 맺게 되었다. SSCF는 외국의 원조를 통해 어려운 아이들에게 매달 만 원의 생활비를 보조하던 아동복지단체였다. 당시 사회사업부장 김영환은 재단으로부터 받는 보조금 일부를 따로 적립해 아이들이 의료지원을 받을 수 있도록 하는 체계를 구상하고, 보건 사회부[26]로부터 시범 의료보험 연구기관 지정을 기다리고 있었다.

26) 당시 보건·위생·방역·구호 등의 사무를 맡아보던 행정 각부의 하나

같은 시기, 청십자 역시 시범 의료보험 연구기관 지정을 위해 바삐 움직이고 있었다. 두 기관의 관계자들은 어느 날 한자리에 모였다.

"공교롭게도 저희는 같은 기관을 준비하고 있었군요."

"그러게 말입니다. 아무래도 한 지역에 두 의료보험조합은 효율성이 떨어지지 않겠습니까?"

"그렇다면……."

장기려와 김영환은 서로의 손을 맞잡고 둘을 하나로 합치기로 합의했고, 조합원의 수만 1만 4천 명이 넘는 규모로 거듭났다.

청십자의료협동조합, 달라진 이름처럼 조합의 체제는 큰 변화를 맞았다. 조합장인 장기려는 이사장직을 맡게 되었고 이사진과 감사도 선출되었다. 그들은 사단법인 인가와 다른 지역으로의 진출을 준비하면서 내부 점검에 들어갔다.

물가 상승으로 약값과 진료비는 꾸준히 오르고 있는데 월 회비는

신념 — Belief

1951~1960년		1961~1962년
한상동·전영창과 복음진료소 설립	성서연구를 위한 〈부산모임〉 활동 시작	서울대 의대에 외과 교수로 복귀
서울대 의대(부산) 외래 교수 재직~사임	한국 최초 간암의 대량 간 절제술 성공	대한의학회 학술상(대통령상) 수상
부산 의대 외과교수 부임	부산기독의사회 조직에 참여	첫 세계 일주 (62년 9월부터) 5개월간
휴전		첫 세계일주
남북한 휴전 협정	4·19 혁명	5·16 군사 쿠데타
		박정희 정부

몇 년간 그대로인 상황이었다. 조합원 수가 늘어난 만큼 적자 폭도 늘어날 수밖에 없었다.

조합은 결국 가입비를 500원, 월 회비는 80원으로 올렸고, 입원과 수술비의 환자 부담 비율도 30%로 조정하는 결정을 내렸다.

그러나 진짜 문제는 회비 미납 비율을 15% 아래로 낮추는 일이었다. 혜택이 필요할 때만 회비를 내고, 아쉬울 일이 없을 때는 내지 않는 얌체 회원들로 인해 미납 비율을 낮추는 일은 쉽지 않았다. 이 미납 문제는 조합의 재정 상태가 안 좋을 때는 가장 싼 약값조차 지원하기 어렵게 만들었다.

당시 장기려는 조합 재정의 상황을 숨기려 하지 않았다. 회보를 통해 재정 상황을 있는 그대로 밝히며 돈이 부족하다고 의료의 질이 떨어져서는 안 된다는 생각도 지켰다. 회비가 점점 오르다 150원으로 인상되었을 때, 마음 같아서는 병이 나아 병원을 나서는 환자에게 돈보다 '고맙다'는 한마디를 받고 싶었을 것이다.

1965~1968년	1969~1973년
▼	▼
서울 가톨릭대 의대 외과교수 부임	간질 환자들의 모임 '장미회' 창립에 참여
부산간호전문학교 초대 교장 취임	복음병원 의사 분규 사태에 부산 복귀
청십자의료보험조합 설립, 조합장으로 선출	서울 가톨릭대 의대 교수 사임

1970년 청십자는 서울 청십자의료협동조합의 발족을 시작으로 여러 지역으로 진출을 시도했다. 한 방송사의 생방송에 소개되면서부터는 전국적으로 알려지기 시작했고, <부산일보> 사회면 기사에 실린 이후에는 각지에서 편지와 전화가 쏟아졌다. 청십자의 존재 자체가 의료보험에 대해 잘 모르고 있던 사람들의 인식을 바꾸는 계기가 된 시기였다.

그리고 3년 뒤, 청십자는 청십자의료보험조합이란 명칭으로 돌아갔다. 그리고 가입 후 6개월이 지나 사망한 조합원과 가족을 대상으로 한 사망보험금을 조성하고 보험료를 지급하기 시작했다.

복음병원의 혼란 | 창고를 개조해 시작한 복음의원은 어느새 입원실이 100개가 넘는 복음병원으로 바뀌었고, 환자도 꾸준히 늘어나고 있었다.

복음병원이 고신총회에 편입된 시기는 1965년 9월이었다. 당시 고신총회는 신학교를 정식 대학으로 인가받기 위해 복음병원을 재단에 편입시키길 원했지만, 장기려와 직원들이 복음병원이 이익수단으로 이용될까 염려하고 있었다.

그러자 재단 측은 "병원은 명목상 수익기관으로 해서 학교 인가를 받으려는 것일 뿐, 수익금은 절대로 학교 운영에 쓰지 않겠다"며, 병원 수익과 학교 운영의 분리를 약속했다.

시간이 흘러 복음병원이 빠르게 규모를 키워 다양한 부속기관을 갖게 되었을 무렵, 고신재단 이사장은 처음 약속과 달리 병원

행정에 관여하며 이사회 권한을 행사하기 시작했다.

그러던 1972년의 어느 날, 고신총회 사람들은 장기려를 만나 긴 이야기를 나눴다. 그들이 꺼낸 화제는 복음병원장의 정년을 70세에서 65세로 낮추는 일이었다. 현 원장인 장기려의 은퇴를 앞당겨 복음병원이라는 범선의 방향타를 잡으려는 뜻이었으나, 당사자인 장기려는 별말 없이 결정을 받아들였다.

이때 교단 측은 차기 원장으로 장기려의 제자이자 외과 과장인 박영훈을 발탁했다.

"그 소식이 사실입니까?"

장기려 원장의 퇴임 소식을 들은 복음병원 사람들은 혼란에 휩싸였다. 차기 원장을 향해서는 교단을 통해 스승의 자리를 빼앗았다는 비난 어린 시선이 쏟아졌다. 이 과정에서 부산 의대 출신과 경북의대 출신 의사들의 충돌이 빚어졌다.

날이 갈수록 험악해지는 의사들 간의 분란을 까맣게 모른 채 서울에서 업무에 몰두하고 있던 장기려는 뒤늦게 한 통의 전화를 받고 기함하고 말았다. 수련의 몇 명이 병원 안에서 싸움을 벌여 경찰에 체포되었다는 충격적인 소식이었다.

장기려는 하고 있던 일도 내려놓고 당장 부산으로 내려갔다. 그러나 복음병원 안팎의 분위기는 말로 듣던 것보다 훨씬 심각했다. 아까운 인재 두 명이 구속되고 나머지도 불구속으로 입건되었는데, 이후로도 달라지지 않는 상황에 박영훈 차기 원장은 잠시 병원을 떠나있어야 했다.

그렇게 사건은 일단락되었으나 그는 허탈하고 안타까운 마음에 한동안 잠을 이루지 못했다.

가치 | Value | : 60대~영면

옥탑방 원장 | 정부가 간호사 양성을 적극적으로 장려하던 시기, 장기려는 여러 사람의 도움을 받아 간호학교 설립에 나섰다.

그리고 문교부[27]로부터 학교 설립의 허가를 받고 착공에 들어간 지 3년 후인 1969년 봄, 복음간호학교가 문을 열었다. 개교식에는 교장 장기려와 교무과장 강명미, 서무과장 조광제 등과 스물 남짓의 입학생들이 자리했다. 장기려 교장은 다음과 같이 말하며 새로운 나이팅게일들을 격려했다.

> "예수의 마음을 품으라.
> 사명감을 가지고 사물을 대하라.
> 문제는 과학적으로 해결하라."

장기려의 복음병원 원장직 은퇴도 몇 년 앞으로 다가왔다. 그는 그동안 청십자의료보험조합 안에 지도과를 만들어 매일 오십이 넘는 가정에 직원들을 보냈다. 몸이 아플 때 조금이라도 부담을 덜 수 있는 의료보험의 중요성을 알리고 이해를 돕기 위해서였다. 그들은 그 과정에서 정말로 도움이 필요한 극빈자들을 돕지 못한다는 한계를 경험했다. 하루 한 끼를 때우기도 벅찬 사람

---

[27] 당시 교육·과학에 관한 업무 및 교과용 도서에 관한 사무를 관장하던 중앙행정기관이다. (2022년 기준, 현재의 '교육부')

청십자의료보험조합 사무실 현판 앞에서

들이 달마다 나가는 회비를 감당할 수 있을 리가 없었다.

다행히 좋은 소식이 들려왔다. 부산시가 시 예산을 할당해 이주민과 극빈자가 많은 지역 주민을 대상으로 1천 원의 가입금과 월 보험료의 절반을 지원하기로 한 것이다. 청십자 직원들은 기쁜 마음으로 골목골목을 찾아 용호동과 반여 2동의 주민 1만 9천여 명을 조합원으로 끌어안았다.

그러나 호사다마^{好事多魔28)}라고 했던가?

어느 날 갑자기 청십자 사무실로 자그마치 240만 원이라는 액수가 적힌 세금고지서 한 장이 날아들었다.

"순수익이 거의 없어서 매년 적자가 나는 상황인데 갑자기 이런 큰돈을 내라니!"

놀란 직원들은 어떻게든 일을 해결해보려 발을 동동 굴렀다. 일단 세무서를 찾아가 세금이 잘못 매겨졌다고 해명했지만, 당장 세금을 내지 않으면 자산이 압류될 수 있다는 경고만 되돌아올 뿐이었다.

28) 좋은 일에는 흔히 방해되는 일이 많음.

한참을 고심하던 사무국장은 장부 뭉치를 들고 보건사회부[29]를 찾아가 사정했다. 그러자 그간 조합의 장부를 꼼꼼히 감사해왔던 보사부 직원들이 흔쾌히 도움을 주었다. 그 결과 조합에 청구된 세금은 취소되었고 청십자의 공익적 활동도 인정해 주었다. 회비 한 푼을 허투루 쓰지 않고 투명하게 운영한 덕분이었다.

얼마 지나지 않은 1975년 8월 4일, 부산진역 앞 건물에 '청십자'의 이름을 내건 병원이 문을 열었다. 정식 명칭은 청십자의원, 간판에서부터 각종 검사 장비까지 전부 회원들의 자발적인 모금으로 마련한 병원이었다. 복음병원이나 부산기독의사회에 맡겼던 각종 검사나 진료를 자체적으로 운영할 수 있는 환경이 마련된 셈이었다.

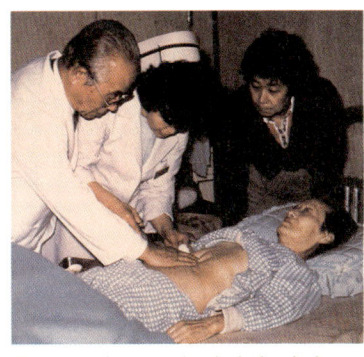 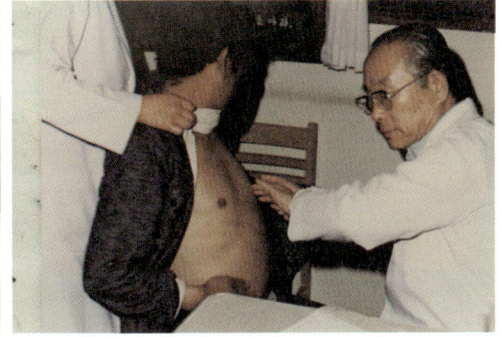

환자를 진료 중인 장기려 박사

그간 청십자의원과 복음병원의 원장, 복음간호학교 교장, 서울대 교수 등 여러 사람의 몫을 혼자 해내던 장기려는 문득 '그날'이

[29] 2022년 기준, 현재의 보건복지부

코앞으로 다가왔음을 실감했다. 1976년 6월 25일, 복음병원 명예 원장으로 물러나는 날이었다. 그의 후임은 우여곡절을 겪고 병원으로 돌아온 제자 박영훈이었다.

그 시점 장기려는 말년을 보낼 거처를 마련했다. 교외의 전원주택이 아닌, 복음병원 3병동에 있는 옥탑방이었다. 원래는 전화교환기를 설치하려던 방을 병원장까지 지냈던 사람이 거처로 삼은 것이다. 살림살이라고는 침대와 책상, 책장, 장롱, 그리고 소파가 고작이었다. 여름엔 덥고 겨울에는 추웠다. 벽 너머에 승강기 장치가 있어 시도 때도 없이 소음이 들려왔다. 뿐인가. 옥탑방으로 통하는 계단은 가파르고 높았다.

"정말 여기서 지내시기 편하신 거죠?"

지인과 제자들이 옥탑방의 변변찮은 살림살이를 보고 놀랄 때마다 백발의 스승 장기려는 사람 좋게 웃어 보였다.

"이만한 풍경이 어딨겠나. 계단도 딱 운동하기 적당해."

버는 족족 돈 없는 환자들의 수술비를 내주느라 마땅한 집 한 채 없었지만, 그는 작은 창문으로 내려다보이는 풍경에서 충만함을 얻은 것이다.

그해 11월, 장기려는 사단법인 청십자사회복지회의 출범이라는 '새로운 시작'을 알렸다. 경제적으로 어렵고 정신적으로도 힘든 사람들이 평범한 생활을 누릴 수 있도록 돕겠다는 강한 의지가 스며있었다.

복지회는 청십자의원을 중심으로 지역사회 복지 개선에 나서기 시작했다. 특히 흔히 유행하는 전염병과 예방접종의 중요성을 알리며 지역사회의 보건 향상에 적극적이었다.

그러다 자원봉사자가 늘어나고 사업영역이 확대되며, 그 중심이 지역사회를 움직이는 인사들로 옮겨졌다. 그중 유한양행 창업자 유일한 회장의 여동생 유순한은 복지회의 부이사장으로 활동하며 조합에 유한양행 주식 1만 주를 기증하기도 했다.

이후에도 복지회는 양로원 시설의 노인들을 지원하고 어려운 환경의 가정을 도우며 극빈자들의 무료진료를 도왔다. 더불어 생활 여건이 어려운 동네에 복지사업부 지부를 열고 구호사업을 시작했다.

1977년 여름, 지지부진하던 정부의 의료보험사업이 탄력을 받기 시작했다. 청십자 직원들은 조합을 탈퇴하는 사람들이 늘어날 거라고 예상했다. 그런데 결과는 오히려 반대였다. 정부에서 본격적으로 의료보험을 홍보하면서 사람들의 인식이 크게 달라지기 시작한 것이다.

더구나 당시 정부가 시행하는 의료보험 대상자는 공무원이나 군인, 대기업 회사원들이 대부분이었다. 그러니 그 외의 사람들은 안정적으로 운영되고 있는 청십자조합에 관심을 가질 수밖에 없었다.

평화와 희망을 위하여 | 1977년 12월 초, 장기려는 지인의 초청을 받고 미국행 비행기에 올랐다. LA국제공항에 내리자마자 부산모임으로 인연을 맺은 의사 김동백이 반갑게 그를 맞았다.

두 사람은 짧다면 짧은 한 달간 동행하며 미국의 곳곳을 돌아다녔다. 여전히 크고 발전한 도시에는 경험하지 못한 일들이 많았다.

특히 의학 분야의 기술력이 그랬다. 장기려는 한 대학병원에 방문했을 때, 인큐베이터 안에서 연약한 숨을 이어가고 있는 저체중의 신생아를 보며 새삼 놀라기도 했다. 미국의 첨단의학기술을 피부로 느꼈기 때문이었다.

장기려는 해를 넘긴 1월이 되어 귀국길에 올랐다. 당시는 복음간호학교가 전문대학으로 승격되고부터 외과 교수 겸 초대 학장으로 활동할 때라 오래 머물기 어려웠다.

"백병원을 모태로 한 대학이 만들어진다고요?"

장기려의 귀가 번쩍할 소식이었다. 인제대학교, 바로 스승 백인제의 이름을 딴 학교였기 때문이다. 그는 충분한 고민을 하고 정이 든 복음간호학교를 떠나기로 결정했다. 그리고 3개월 뒤에 인제대학교 의과대학 부속의 부산백병원의 명예원장으로 취임했다.

같은 시기, 장기려는 문득 지나간 세월을 돌아보는 시간을 가졌다. 청십자가 만들어지고 벌써 십여 년, 조합은 시간이 쌓아 올린 소통과 신뢰로 부산의 공동체를 좀 더 촘촘히 만드는 역할을 해왔다. 그는 여러 위기를 넘어가며 조합을 좋은 방향으로 이끌기 위해 노력했다. 그리고 그 노력은 뜻밖의 결실을 이뤘다.

그것은 바로 아시아의 노벨상이라 여겨지는 '라몬 막사이사이상[30]' 사회봉사 부문의 수상이었다. 기독교 신앙을 바탕으로 한

[30] 비행기 사고로 목숨을 잃은 라몬 막사이사이 필리핀 전 대통령의 공적을 기리기 위해 제정된

그간의 의료봉사와 헌신, 그리고 청십자의료보험조합을 설립한 공로를 국제적으로 인정받은 셈이었다. 1979년 8월 31일, 비행기를 타고 필리핀 마닐라로 향한 장기려는 특별한 수상대에 올랐다.

> "너무 뜻밖의 일입니다. 한 일도 없는 사람에게 이 같은 영광을 주시다니 사회봉사를 잘하라는 격려로 알고 앞으로 불우한 환자들을 위해 더욱 열심히 일하겠습니다."

겸손한 수상소감을 남긴 장기려는 태국 정부와 록펠러 재단이 제공한 티켓으로 귀국을 겸한 세계여행을 시작했다. 인도네시아와 대만 등을 거쳐 돌아오는 길고 먼 여정이었다. 덕분에 그는 자신에게 쏠린 세간의 관심을 전혀 알지 못했다. 한국에 도착해 여러 매체의 인터뷰 요청을 받고 나서야 사람들이 자신의 이야기를 궁금해하고 있다는 걸 알았다.

그는 곧 청십자 회보에 모든 영광과 공로를 함께 일해온 사람들에게 돌리는 담담한 소감을 실었다. 기꺼이 시간을 내어 진료에 나서준 의사들부터 청십자의 직원들, 기부를 통해 도움을 준 분들 한 명 한 명이 공로자라고 말이다.

국제적인 상이다. 종교·인종·계급·국가의 차별 없이 아시아를 위해 공헌한 사람에게 해마다 상금과 메달을 수여한다.

1979년 라몬 막사이사이상 수상 당시

그리고 마닐라에서 했던 자신의 말을 지키기라도 하듯 막사이사이상의 상금 2만 달러를 전부 복지회 사업 기금으로 기부했다. 또 살면서 겪는 어려움을 상담을 통해 해결하는 단체인 부산 생명의 전화 이사장에 취임했으며, 이후에 한국장애인재활협회 부산지부를 창설하고 부산지부장으로서 사회적 약자인 장애인들을 도왔다.

활발한 사회 활동 중인 장기려 박사

1983년, TV에서는 <이산가족을 찾습니다>라는 생방송 프로그램이 전파를 타고 흘러나왔다. 방송을 지켜본 전국의 이산가족들의 마음은 가족을 만날 수 있다는 희망과 기대로 들썩거렸다. 그 직후 서울에서 열린 남북적십자 회담에서 남북 예술공연단의 교환 방문과 함께 이산가족 상봉이 성사되었다. 남한 정부는 명망이 있는 인사에게 평양을 방문하는 고향 방문단의 대표를 맡기고자 했다. 그는 바로 장기려였다.

"북에 있는 가족을 보고 싶어도 못 만나는 사람들이 차고 넘치는데, 저만 이런 특혜를 받을 수 없습니다."

장기려는 이런 이유로 고향 방문단의 대표를 거절했다. 정부는 여러 번 사람을 보내 설득하려 했지만, 그는 도리어 '북에 가서 가족을 만나면 헤어지고 싶지 않을 테니 죽을 때까지 눌러앉아 살 것'이라고 못을 박았다. 가족들과의 재회가 무산되는 순간이었다.

그렇게 몇 년이 흐른 1989년, 소중한 두 존재가 장기려의 곁을 떠나갔다. 하나는 온 정성을 다해 키워낸 청십자의료보험조합이고, 다른 하나는 오랜 시간 마음을 나눈 지인 함석헌 선생이었다.

당시 청십자는 누가 말할 것도 없이 본격적인 호황기를 맞고 있었다. 가입자는 22만 명을 넘어섰고 전국 440곳의 병원이 조합과 손을 잡고 검사와 진료를 도왔다. 동시에, 전 국민을 대상으로 하는 국가 의료보험의 실시도 점차 현실로 다가오고 있었다. 조합장은 본래 나라에서 할 일인 만큼 '자신들의 역할은 여기까지'라고 판단했다. 청십자를 떠나보낼 시기를 받아들인 것이다. 그들의 정신은 청십자 복지회가 이어나가기로 했다.

물론 쉬운 일은 아니었다. 장기려는 결정을 내린 뒤부터 마음 한구석이 쓰리고 헛헛함을 느꼈다. 직장을 잃게 될 직원들도 걱정되었다. 다행히 정부에 조합이 쌓아놓은 데이터를 제공하면서 직원들이 각 지역의 의료보험조합에서 일할 수 있도록 다리 역할을 할 수 있었다. 21년간의 노하우는 ==정부의 의무의료보험이 더 빠르고 안정적으로 뿌리내릴 수 있는 좋은 토지가 되어 주었다.== 그에게는 아쉬움과 뿌듯함을 느낀 이별이었다.

그러나 함석헌 선생의 별세는 달랐다. 젊은 날에서부터 이날까지, 두 사람은 다른 신앙 의식을 가지고 있음에도 서로의 생각과 의견을 존중하며 교류를 이어온 진정한 '친구'였다. 또 서로에게 '가장 존경하는 사람'이기도 했다. 그런 사람을 너무도 갑작스럽게 잃어버린 것이다. 장기려는 큰 슬픔에 잠겨 빈소와 입관식을 지켰다.

벗의 장례를 마치고 부산으로 돌아와서는 병원을 돌며 진료를 이어나갔다. 어려운 환자들을 돌보고 제자들을 가르치고 소통하는 평소의 생활로 돌아간 것처럼 보였으나, 밤이 되면 잠을 못 이루고 수없이 몸을 뒤척였다.

'나이가 든다는 게 이런 거겠지.'

세월은 멈추지 않고 자신은 해마다 나이를 먹어갔다. 노안으로 글씨가 흐릿해지고 허리와 무릎은 삐걱거리며 주름진 손은 느려졌다. 젊은 의사들에 못지않은 학구열도 시대의 빠른 변화를 따라잡기는 어려웠다. 의학기술과 수술 장비들은 매년 발전하여 새로워졌다. 그는 자신의 수술 실력과 의학지식이 부족하다고 느낄 때마다 의사로서의 은퇴를 고민했다.

그러다 팔십이 가까워질 무렵, 병원 복도에서 간호사와 실랑이를 하는 할머니 환자의 이야기를 들었다.

"할머니, 오늘 장기려 원장님 진료는 끝났어요. 원장님은 이제 연세가 많으셔서 진료를 오래 못 보신다고 몇 번이나 말씀드렸잖아요. 다른 의사 선생님 진료를 받으세요."

"장기려 원장님 아니면 싫어! 20년 동안 나를 봐 주신 장기려 원장님을 대신할 의사가 어디 있다고!"

"간호사 선생님, 그 환자분 진료실로 들어오시게 하세요."

"아이고, 장기려 원장님! 고맙습니다, 고맙습니다."

환자들이 건넨 감사의 한마디는 그의 내면에 자신감을 채워주었다. 여전히 환자들에게 도움을 줄 수 있는 의사이고 부족하고 모자란 그대로도 괜찮다고 말이다.

그는 새로워진 마음가짐을 가지고 후배 교수가 교편을 잡은 강의실을 찾았다. 그리고 젊은 학생들 사이에서 새로운 지식을 얻기 위해 눈을 부릅떴다. 공부에 끝이 없다는 말을 증명이라도 하듯이 말이다.

의료 봉사 중인 장기려 박사

그리움을 누르고 | 1990년, 팔십세八十歲가 된 장기려의 일상은 언제나처럼 흘러갔다. 평일에는 집과 병원을 바쁘게 오갔다. 토요일에는 간질환자들을 찾아가 약을 나눠주고 함께 밥을 먹었다. 남는 시간 대부분은 성서를 읽거나 글쓰기에 할애했는데, 일기 쓰기는 꼭 빼놓지 않는 일과 중 하나였다.

그날 찾아온 환자의 기록을 적어놓거나 자신의 몸이 어디가 아프고 불편한지를 기록해놓기도 했다. 또 성서에서 기억에 남는 구절을 적고 자신의 느낌과 생각을 풀어놓기도 했다. 어떨 땐 스포츠 게임을 보고 나서 누가 이기고 졌는지, 또 누가 메달을 땄는지 끄적이기도 했으나 대부분 꺼낼 길이 없는 마음속 이야기들이었다.

가끔은 지인들이 찾아와 단조로운 일상에 활기를 불어넣었다. 새해 때는 그 좁은 옥탑방 안이 아주 손님들로 북적거렸다. 아들 며느리 손자에 병원 식구들과 의대의 제자들, 교회의 지인들이 차례로 세배를 올리고 새해 음식을 나눠 먹었다. 조금 더 젊었을 적엔 농담처럼 북녘의 아내를 잊고 재혼하라는 권유도 많이 들었다. 그때마다 그는 딱 잘라 거절했었다.

그렇게 시끌벅적한 신정新正의 반이 지나가고 어느덧 사람들도 썰물처럼 빠져나갔다. 조용해진 집안에 홀로 앉아있노라면 침대 머리맡에 놓인 아내의 사진으로 눈길이 갔다.

단풍잎은 떨어져서 뜰 앞을 쓸고 나간다
누른 국화 향내는 바람을 떠나 살더니
처량한 가을이여
붉은 물 풀어놓은 것 같이
찬란하다 낙조
내가 지금 인생의 낙조에 들어섰으니
이제 와서 부르라고 당신이 가르쳐준 것이었을까요
(…하략…)

그때면 그는 신혼 때 아내에게 배운 '낙조'라는 노래를 읊조리며 사무치는 그리움을 다독였다.

장기려가 한 달간 미국에 체류했을 때였다. 부산으로 피난했을 때 도움을 준 조카 장정용을 만나기 위해 뉴욕으로 향했다. 장기려가 찾아왔다는 소식에 미국에 사는 친척들도 죄다 모여들어 조카의 집은 잔칫집처럼 북적거렸다. 밥상 앞에 모인 머릿수는 어른, 아이 합쳐 22명을 넘겼다. 북녘 가족과 떨어져 둘째 아들과 며느리, 손자만이 전부인 장기려에게 그 떠들썩함은 낯설기도 하고 즐겁기도 했다.

장기려는 스무 명이 넘는 친척들이 모여 북적거리는 자리에서 슬쩍 빠져나와 혼자 달구경을 하고 있었다. 또 다른 조카 장혜원이 그를 찾았다.

"큰아버지, 여기서 뭐하고 계세요?"

"여기서 보는 달은 느낌이 다르구나."

"한국에서건 미국에서건 달은 똑같은 달인걸요."

"한국에서 달을 볼 때는 북에 있는 아내도 같은 달을 보겠지 싶었는데, 여기선 그런 생각이 들지 않구나."

그리움이 잔뜩 묻어나는 말에 조카는 마음이 아팠다. 그래서 장 부자父子의 소식을 담은 편지를 북한으로 들어가는 한 목사님의 손에 들려 보냈다.

장기려는 조카가 쓴 편지가 북한으로 향한 일도 까맣게 모르고 있다가 어느 날 놀라운 연락을 받았다.

'가족들이 답장을 보냈다고?'

당시 미국에 있던 조카 장혜원은 장기려의 장남 장택용이 북한의 약학박사가 되어 종종 해외로 나온다는 소식을 듣고, 혹시나 하고 해외에서 열리는 약학 관련 국제회의를 주시하고 있었다. 그러다 리스본에서 열린 국제회의 참석자 명단에서 '장택용'을 발견하고 연락을 취했는데, 아쉽게도 급한 일이 생겨 북한으로 돌아간 뒤였다.

다행히 그때 아들이 남긴 편지는 여러 사람을 거쳐 미국으로 보내졌고, 얼마간의 시일이 걸려 아버지의 손에 쥐어졌다. 남으로 내려온 이후로 생사조차 알 길이 없었는데, 너무나도 감격스러운 소식이었다.

팔십 세를 맞은 그해, 장기려는 편지지를 손에서 놓지 못했다.

딸 장신용이 한 글자씩 적어 내려간 가족들의 안부에 온 마음이 감격과 기쁨으로 가득 찼다. 곁에서 그의 애틋한 마음을 지켜본 사람들은 어떻게든 장기려와 그의 가족들에게 도움을 주고 싶어 했다.

특히 조카 장혜원은 편지를 전달한 이후에도 그와 북한에 있는 가족들을 이어주려 애를 썼다. 심지어 그녀의 며느리 임친덕이 방북하여 장기려의 가족들을 만나고 돌아오기도 했다. 그날의 가족사진과 가족들의 목소리가 담긴 녹음테이프는 장기려의 주름진 손에 전달되었고, 그것들은 그날부터 그에게 둘도 없는 보물이 되었다.

장기려의 주치의인 전종휘 박사와 제자 현봉학 박사도 나서서 징검다리 역할을 했다. 특히 현봉학은 미국에 거처를 두고 있었는데, 1991년에는 직접 북한으로 가서 평양과학의학원의 연구원으로 있던 장기려의 딸 장성용을 만나 아버지와 오빠의 안부와 편지를 전달했다.

그러나 그 시기 장기려는 다시 북한 땅을 밟을 기회를 또 한 번 거절했다. 남한 측도 기꺼이 다녀오라며 그의 등을 떠밀었고 북한 측도 양팔 벌려 환영하는 반응이었지만, 장기려는 자신만 특별 대우를 받을 수 없다는 말을 되풀이할 뿐이었다.

성탄절에 떠난 성자^{聖者} | 1992년 4월, 장기려는 두 번째 은퇴식을 맞았다. 인제대 의과대학의 자문 교수와 인제대 병원 명예원장의

자리에서 물러나는 자리였다. 그날 그는 **1979년부터 약 8년간 인제대로부터 받아온 강의료 1억 원 전액을 인제장학재단에 기증**하며 모두를 놀라게 했다.

수개월이 지난 10월, 서울대학교가 수여하는 '제2회 자랑스러운 서울대인상' 수상자에 이름이 올랐다는 소식이 들려왔다. 그는 상을 받는다는 것이 부담되고 겸연쩍어 거절하려 했지만, 사람들의 설득에 못 이겨 수상식에 참여하기로 마음먹었다.

그렇게 수상 당일이 되어 청십자병원 오전 진료를 이어가는데 문득 이상한 느낌이 들었다. 몸의 오른쪽 절반이 마비된 듯 감각이 무뎌지고 발음도 어눌해지기 시작한 것이다. 어느 순간부턴 가슴이 답답해지고 정신이 아득해졌다. 소리 없이 찾아오는 병, 뇌경색이었다.

그 후 장기려는 백병원으로 옮겨져 6주간의 집중치료를 받았다. 다행히 주치의 전종휘 박사의 정확한 조치로 증상은 점차 완화되어갔다. 3개월이 지날 시점에는 간단한 대화를 하거나 부축을 통한 보행이 가능해졌다. 그러나 마비된 오른손의 감각은 돌아오지 않았다.

수술대에서 메스를 잡던 의사가 손을 못 쓴다는 건 슬픈 일이었다. 그러나 장기려는 절망하지 않았다. 입원해 있는 동안에는 무언가를 읽으며 시간을 보냈다. 그러다 우연히 자신이 1969년에 쓴 외과학 교과서 '외과학 각론'에서 오류를 발견했다. 그는 즉시 편집위원에 전화를 걸었다.

"장기려 박사님, 무슨 일이십니까?"

"내가 쓴 '외과학 각론' 356페이지의 아래에서 열 번째 줄에 오류가 있습니다. 제자를 통해 편지를 보낼 테니 수정해 주십시오."

장기려는 한 줄의 오류를 바로잡기 위해 제자를 불러 편집위원들에게 보낼 편지의 대필을 부탁했다.

1993년의 봄날, 장기려는 옥탑방으로 돌아왔다. 그리고 아침이 되자 예전처럼 출근길에 나섰다. 청십자병원 식구들과 환자들은 기쁨 반 걱정 반으로 그의 복귀를 축하했다. 노쇠한 몸을 빼면 일상은 크게 달라지지 않았다. 신앙생활도 마찬가지였다.

그때 TV에서 남과 북이 이산가족 상봉 협의에 나섰다는 뉴스가 흘러나왔다. 남북의 관계는 어제는 좋았다가 오늘은 나빠질 정도로 수시로 바뀌었는데, 어쩌면 이번이 마지막 기회일지도 모른다는 불안이 밀려왔다.

가치—Value	1974~1975년	1976년	1979~1983년
	청십자의원 설립 병원장 취임	국민훈장 동백장 수상	인제대 의대 부속 부산 백병원 명예원장 추대
	부산 제1회 선한시민상 수상	복음병원 원장 퇴임 명예회장으로 추대	라몬 막사이사이상 (사회봉사) 수상
		청십자사회복지회 설립	청십자병원 원장 퇴임 명예원장 추대
		1977년 미국 여행	
		박정희 대통령 서거	전두환 정부

더욱이 몸이 아프고 난 뒤부터 심경에 큰 변화가 생겼다. 거동이 더 불편해지기 전에 북녘의 가족들을 만나야겠다는 결심이 선 것이다. 부자父子는 다행히 다음 해인 1994년에 남북 고향 방문단에 선정되어 고향으로 돌아갈 기회를 얻었다.
　그러나 얼마 지나지 않아 아버지와 아들은 충격과 슬픔에 휩싸였다. 남북회담에서 합의가 결렬되고 김일성이 사망하면서 이산가족 상봉이 완전히 무산된 것이다.

　해가 바뀐 여름, 나날이 쇠약해지는 몸은 아내와의 상봉을 기다려주지 않았다. 서울 백병원에 입원한 장기려는 어느 날 아들 장가용과 양아들 손동길의 손을 하나씩 맞잡았다.
　"아들아, 더 늦기 전에 이 말을 해야겠다. 내 장례는 간소하게 해 다오. 그리고 육신은 화장해서 부산 앞바다에 뿌려다오."

1985~1989년	1990~1992년	1995~1996년
고신대 복음병원 옥탑방으로 이사	북한 가족들의 소식이 전해짐	12월 25일 새벽에 영면
수술 일선에서 은퇴	뇌졸중으로 입원 후 투병	12월 27일 마석 모란공원 묘원 안치
〈종들의 모임〉에 참여 시작	서울대 선정 제1회 자랑스러운 서울대인 상	국민훈장 무궁화장 추서
1987년 세계일주		

노태우 정부　　　　　　　　김영삼 정부

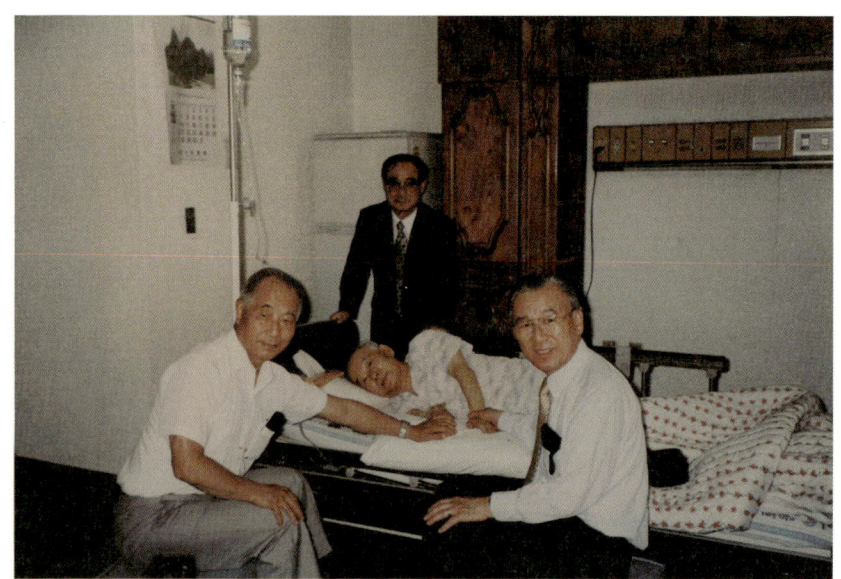

1995년 영면 전의 장기려 박사

1995년 성탄절의 새벽, 한 라디오에서 떨리는 목소리가 흘러나왔다.

"방금 우리는 우리 곁에 있었던 성자를 떠나보냈습니다."

아들 장가용은 빈소 한쪽에 어머니의 사진을 놓았다. 가족 예배로 간소하게 치러질 예정이었던 장례식장에는 놀라울 만큼 많은 이들의 발길이 이어졌다. 김영삼 대통령을 대신한 김광일 비서실장과 국무총리가 직접 빈소를 찾아 조의를 표했고, 방송국에서는 중계 차량을 보내 현장 상황을 전달했다. 각계각층에서 보내온 근조 화환은 그 수가 너무 많아 리본만 진열하고 화환은 돌려보내야 했다.

그렇게 장례식이 마무리되고 그의 유해는 유족들의 바람에 따라 남양주의 모란공원묘지에 안장되었다. 그 앞에는 비석이 세워졌는데, 비문은 장기려와 함께 청십자의료보험조합의 시작을 연 채규철이 적었다.

"1909년 평북 용천에서 태어나고
1995년 서울에서 승천한
의학박사 장기려
그는 모든 것을 가난한 이웃에게 베풀고
자기를 위해서
아무 것도 남겨놓지 않은
선량한 부산시민, 의사, 크리스천,
이곳 모란공원에 잠들다."

신앙 | Faith |

장기려 박사의 일생을 꿰뚫는 단어가 있다.

신앙 Faith

어린 시절 할머니와 아버지의 이야기를 토양 삼아 뿌리내린 날부터 삶의 모든 순간을 함께했다. 이처럼 신앙은 온갖 고난과 역경을 이겨내는 원동력이 되었고 의사로서 헌신적인 삶을 살도록 이끌었다. 그는 신앙을 토양 삼아 이웃에 대한 무한한 관심과 사랑을 베풀었으며, 반대로 돈과 명예를 향한 욕심을 경계했다.

의사, 대학교수, 병원장…….

모두가 성공했다고 말하는 사람의 양복 주머니에는 작은 구멍이 있었다. 상대가 거지든 아니든 도움이 필요한 사람을 보면 절로 돈이 새어나가는 구멍이었다. 그러나 주머니의 주인은 구멍을 메우려 하지 않았다. 돈이 가득해 주머니가 무거울 때보다 가벼울 때가 훨씬 보람찼다.

장기려 박사가 가난하고 춥고 아픈 이들을 위해 선행을 베푼 이야기는 끝이 없다.

젊은 적엔 이런 일도 있었다. 겨울날 퇴근길에 만난 거지에게 겉옷을 벗어 주곤 했는데, 그때마다 퍼렇게 얼어붙은 볼골로 집에 들어와 아내를 놀라게 했다. 가끔은 길에서 만난 거지들을 죄다 집으로 데려와 한 상에서 밥을 먹기도 했다.

그러한 신념은 나이가 들어서도 변함이 없었다. 길에서 동냥하는 거지를 보고 도와주려 했으나 현금이 없었다. 그러자 장기려 박사는 거리낌 없이 양복 주머니 속에 든 월급으로 받은 수표를 꺼내줬다. 수표를 처음 본 거지가 '뭔 종이 쪼가리를 주냐'며 화를 냈다. 그는 은행에 가면 돈으로 바꿔준다며 친절하게 설명하고 자리를 떴다.

며칠이 지나 전화 한 통이 걸려왔다. 수표의 도난이나 분실을 의심한 은행원이 확인 전화를 건 것이었다. 그는 바로 수표를 현금으로 바꿔주라고 말하고 전화를 끊었다.

장기려 박사는 한 번도 수술비가 없어 치료를 받지 못하는 환자들을 지나치지 못했다. 마치 자기 일처럼 걱정해 통장을 탈탈 털었고, 돈이 모자라면 월급을 미리 받아 내주기도 했다.

물론 그의 행동을 이해하는 사람도 있었고 반대하는 사람도 있었다. 그러나 그는 어떤 순간에도 신념을 굽히지 않았다. 그에게 있어 병원은 '기업'이 아니었고 병원장 역시 '경영자'가 아니었다. 가난한 환자를 한 명이라도 더 도우려 노력하는 의사였을 뿐이다. 그 정신의 결정체가 바로 청십자의료보험조합과 청십자병원이었다. 건강검진을 받은 조합원의 가족이 건강하다는 결과를 받자 본인의 일처럼 기뻐했다는 일화만 봐도 알 수 있다.

이렇게 매사에 다른 사람을 생각하던 의사는 집 한 채 없이 병원 옥탑방에서 살면서 식사는 병원 구내식당에서 해결했다. 세상을 떠나며 남긴 재산은 천만 원, 이마저도 병과 싸우는 동안 자신을 돌봐준 간병인의 몫이었다.

'한국의 슈바이처'라고도 불리는 장기려 박사는 지금도 많은 의료인들에게 귀감이 되고 있다. 그의 장남 장택용은 북에서, 차남 장가용과 그의 아들 장여구는 남한에서 의사가 되었고, 증손자 또한 의료인의 길을 준비하며 4대에 걸쳐 의료인의 뜻을 이어가고 있다.

"의사를 한 번도 못 보고 죽어가는 가난한 사람들을 위해, 뒷산 바윗돌처럼 항상 서 있는 의사가 되기 위해서······."

말 그대로 빈손으로 와 빈손으로 떠났지만, 세상엔 아직 그가 남긴 좋은 흔적들이 많았다. 네팔 등의 국가에서 청십자의료보험조합을 모델로 한 여러 민간의료제도가 보급되고 있으며, 1997년 7월에는 보건복지부 소관 비정부기구[NGO] 블루크로스 의료봉사단[31]이 창단되어 청십자의 정신을 이어나가고 있다.

유능한 외과 의사이자, 인술[仁術]을 펼친 의료인, 청빈한 생활을 하면서도 남을 위해서는 기꺼이 가진 것을 모두 내어주는 봉사자, 그러나 그의 가장 큰 업적은 청십자의료보험을 만들어 전 국민이 의료 혜택을 받을 수 있는 기틀을 마련한 것이다.

---

31) 1997년 7월 장기려 박사를 흠모한 사회 각계의 인사들이 주축이 되어 창단. 노숙자 및 쪽방촌 진료를 시작으로 의료혜택을 받지 못하는 사람들을 위한 장기려 무료 진료소를 운영해왔다. 1999년부터 캄보디아와 라오스 등지를 찾아 가난한 환자들의 치료를 도왔고, 2010년 이후 청소년 봉사단을 창단하여 청소년의 올바른 인성을 위한 다양한 봉사 프로그램을 제공하고 있다.

이제 우리는 아프면 거리낌 없이 병원을 찾아 의사의 진료를 받을 수 있다. 시간이 없어 병원에 못 갈망정, 돈이 없어 병원을 못 가는 사람은 찾아보기 어려울 정도가 된 것이다. 가벼운 감기라면 진료비와 약값을 합쳐 만 원이면 충분한 세상, '평생 가난한 이들을 위한 의사가 되겠노라'라는 장기려 박사의 기도 덕분이 아닐까?

 ◀ 장기려 박사의 이야기를 영상으로 보고 싶다면

인간의 존엄성과
법 앞에서는
만인이 평등해야 한다.

3장

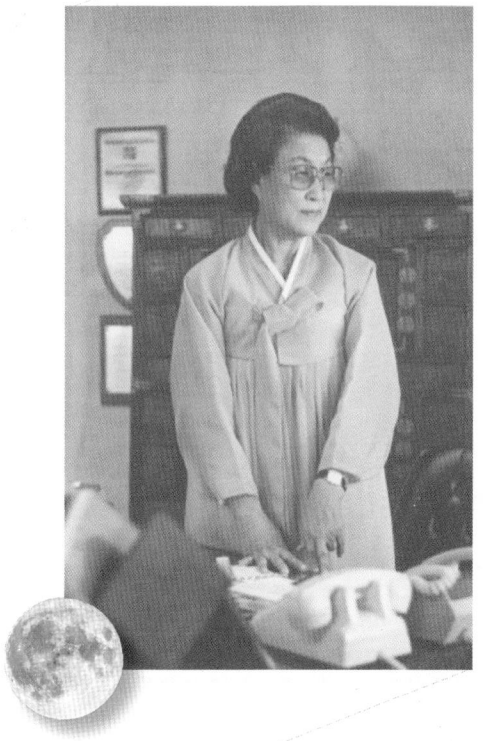

이 태 영
Taeyoung Lee

여성 인권 신장
가정법 개정
가정법률사무소
우리나라 최초의 여성 변호사

1914~1998

어린 시절 | Childhood |

태산 같은 어머니 | 이태영은 1914년 8월 10일 평안북도 운산군 북진읍 진동의 한 마을에서 2남 1녀의 막내딸로 태어났다. 이태영의 아버지 이흥국은 압록강 강변의 벽동에서 6대 독자로 태어나 어려서 양친을 여의었고, 어머니 김흥원은 강계 태생으로 무남독녀 외동딸이었다. 두 사람은 서로 외롭게 자랐다는 점에서 자연스럽게 마음이 통해 동갑이었던 스물아홉 살에 혼인했다.

북진읍 진동은 산으로 둘러싸인 두메산골[1]이었지만, 미국, 일본, 중국 등의 외국인들이 자주 드나들어 서양문물을 빠르게 접할 수 있는 곳이었다. 금광개발이 활발해지고부터 지역 주민 대부분이 탄광에서 일하며 생계를 이어갔다. 아버지 이흥국도 금광에서 일하며 꽤 많은 수입을 올렸으나, 압록강을 오가는 항일독립투사들

[1] 도회에서 멀리 떨어져 사람이 많이 살지 않는 변두리나 깊은 곳

에게 독립자금을 지원하느라 재산을 모으지 못했다. 당시 어머니는 남편을 책하기는커녕 장롱 속에 태극기를 숨겨놓고 함께 해방을 기원했다.

그러나 단란하던 가정은 이태영이 막 첫돌을 넘길 무렵 '가장의 죽음'이라는 큰 시련을 맞았다. 어려운 살림살이로 삼 남매를 키워야 했던 어머니 김흥원은 비교적 넉넉한 친정집으로 들어갔다. 물론 모든 부분을 친정 부모님께 의존하지 않았다.

어머니는 시장에 가게를 열어 생계를 스스로 꾸려나가기 시작했다. 지병처럼 앓아온 가슴앓이도 자식들을 위한 모정으로 이겨내며 밤낮을 가리지 않고 열심히 일했다. 번 돈의 대부분을 저축했지만, 여유가 생기면 가난한 이웃에게 나누고 베풀었다.

"애들아, 교회 가자."

신앙심이 깊은 어머니는 매주 일요일 아침이면 잠에 취한 삼 남매를 깨워 가장 좋은 옷을 입혔다. 그리고 교회로 데려가 다양한 경험을 할 수 있도록 했다.

덕분에 이태영은 어릴 때부터 성경 외우기나 독창과 연극, 무용 등을 배워 사람들 앞에 서는 일이 많았다. 선교사들이 세운 학교를 통해 영어나 일본어, 중국어를 일찍부터 배우기도 했다.

또 어머니는 자식을 강인하게 키우려 아이들에게 집안일을 시켰다. 막내딸 이태영도 당연히 집안일을 배웠는데, 손끝이 야무져서 열두 살 무렵엔 간단한 부엌일이나 스스로 옷을 지어 입는 정도는 혼자서 해냈다.

1919년 3월 1일, 삼 남매가 사는 동네에도 뜨거운 만세의 물결이 밀려들었다.

"대한 독립 만세!"

사람들은 목이 터져라 만세를 외치며 거리로 쏟아져 나왔다.

"만세! 만세"

겨우 6살배기인 이태영도 영문도 모른 채 인파를 따라 거리를 뛰어다녔다.

"너 일본인이지?"

마음 어딘가에서 일본인에 대한 반감이 싹튼 이태영은 그녀의 집에 살던 일본인 아이에게 이렇게 쏘아붙였다.

"너희 집으로 돌아가!"

그런데 이튿날 집으로 일본인 순사들이 들이닥쳤고, 이태영과 아홉 살 오빠 이태흡을 끌고 갔다.

"너에게 그런 말을 하라고 시킨 어른이 누구야? 바른대로 말하지 않으면 감옥에 가둘 거다!"

이태영은 무섭게 협박하는 일본인 순사를 향해 또박또박 말했다.

"조선인은 조선에 살고, 일본인은 일본에 살아야 해요. 그래서 일본으로 돌아가라고 했어요. 난 잘못한 게 없어요."

일본인 순사는 뭐라 해도 기죽지 않는 여자아이와 오빠를 할 수 없이 집으로 돌려보냈다. 아이의 입으로는 그 어떤 정보를 들을 수 없었기 때문이다.

맹꽁이 웅변상 | 태산 같은 어머니 밑에서 당차고 야무지게 성장한 일곱 살 이태영은 광동소학교에서 공부를 시작했다.

'어? 웅변대회가 열린다고?'

이태영은 입학하고 얼마 지나지 않아 웅변대회 공고를 발견하고 참가를 위해 선생님을 찾아갔다. 다섯 살 때부터 종종 교회 단상에 올라 웅변을 했던 터라 자신이 있었기 때문이다.

그러나 선생님은 그녀의 나이가 너무 어리다며 선뜻 허락해주지 않았다.

"선생님, 그럼 한 번만 들어주세요!"

그녀는 포기하지 않고 교회에서 연극 때 했던 대사를 읊으며 웅변대회에도 충분히 나갈 수 있다고 선생님을 설득했다. 선생님은 영리하고 똑 부러지는 모습을 대견하게 여기고 웅변대회 원고를 써주었다.

웅변대회 당일, 어머니는 연단에 올라가기 전 딸에게 이렇게 당부했다.

"연단에 올라가면 공손하게 절하고, 웅변이 끝나고 난 뒤에도 공손하게 절을 해야 해. 박수 소리가 들리면 끝난 거니까 그때 내려오고."

"박수 소리가 나면 시작하고, 또 박수 소리가 나면 내려오라는 거죠?"

"그렇지."

자신의 차례가 오자 이태영은 연단에 올라가 공손하게 인사를 하고 웅변을 시작했다.

"나는 딸이에요. 아들을 낳으면 동네 사람들이 다 기뻐하지만, 딸을 낳으면 엄마들이 울어요. 이러면 나는 어떡해야 하나요?"

이태영은 정말로 눈물을 흘리며 '나는 여자'라는 내용의 웅변을 이어나갔고, 어린아이의 눈물 어린 호소에 감동한 사람들이 손뼉을 치기 시작했다.

'아! 내려가야겠다!'

그녀는 갑자기 종종걸음으로 연단 아래로 내려갔다. 놀란 어머니가 달려와 물었다.

"잘하다가 왜 도중에 내려오니?"

"박수 소리가 두 번 나면 내려오라고 하셨잖아요."

"그건 네가 잘한다고 칭찬하신 거야."

이태영의 볼은 민망함에 빨개졌다. 어머니와 학부모들이 그 귀여운 실수에 웃음을 터트렸다.

"자, 받으렴."

선생님은 열심히 웅변을 준비한 제자에게 맹꽁이 웅변상을 주었다.

"앞으로 용기를 잃지 말고 하고 싶은 말은 끝까지 하는 거야. 알았지?"

"네, 선생님!"

이태영은 선생님의 가르침처럼 다양한 웅변대회에 나가 '하고 싶은 말'을 했고, 중학교 무렵에 나간 대회에서 '아들딸 똑같이 공부시켜주세요'라는 주제로 1등까지 거머쥐었다.

어려운 사람을 돕는 변호사 | 이태영의 어머니는 아이들에 대한 교육열이 남달랐다. 그런데 세 남매에게 늘 '아들과 딸 구별 없이 똑같이 공부할 기회를 주겠다'고 말하던 어머니가 어느 날 아침 세 남매의 방을 둘러보고 바닥에 주저앉아 한탄을 쏟아냈다.

"공부해야 할 아들은 초저녁부터 자버리고, 공부 안 해도 되는 딸은 등잔불의 기름이 다 닳을 정도로 밤새 공부를 했네."

'뭐라고?'

잠결에 이 말을 이태영이 벌떡 일어나 어머니에게 따졌다.

"어머니, 딸도 열심히 하면 얼마든지 공부시켜주겠다면서요! 평소의 말씀과 너무 다르잖아요!"

'아이고' 놀란 어머니는 화가 나 얼굴이 빨개진 막내딸을 달랬다.

"내가 실언을 했구나. 미안하다, 태영아. 네가 열심히 공부하면 엄마가 끝까지 공부시켜주마."

이날의 일을 계기로 어머니는 학업에 의욕이 넘치는 딸의 모습을 기특하게 여기며, '딸'이라는 이유로 이태영과 오빠들을 구분하지 않았다.

또 든든한 아버지의 역할을 하던 큰 오빠 이태윤은 야무지고 말을 잘하는 여동생에게 나중에 꼭 변호사가 되라고 말하곤 했다.

"변호사는 어떤 사람인데?"

"변호사는 가난한 사람들을 도와주고, 억울한 사람 누명을 벗어주는 좋은 일을 하는 멋진 사람이야."

어린 이태영은 잘 이해가 되지 않았지만, 큰 오빠의 말대로 꼭 변호사가 되어 어려운 사람들을 도와주는 일을 하겠다는 결심을 했다.

영변에서 평양으로 | 이태영의 가족은 이태영이 8살이 되었을 때 영변으로 이사했다. 감리교에서 세운 숭덕학교로 전학한 그녀는 정든 친구들과 헤어진 섭섭함을 잊고 동네 여기저기를 탐색하고

돌아다녔다.

  호기심에 외할머니가 하는 물레를 배우기도 하고, 물동이 이는 동네 처녀들을 따라 물동이를 이기도 했다. 나무 오르기도 명수여서 집 뒤에 있는 수십 년 된 커다란 살구나무를 다람쥐처럼 오르내렸다.

  봄에는 달래와 냉이 같은 산나물을 캐러 산을 헤매고, 겨울에는 오빠 이태흡과 함께 꿩을 잡겠다고 들판을 뛰어다녔다. 동네 어른들은 남자아이 못지않게 건강하고 씩씩한 이태영을 '황소'라고 부르곤 했다.

  그 시절 이태영은 공부를 잘하는 편이었다. 숭덕학교 2학년 때 평양에 있는 정의고등보통학교 편입시험을 봐서 1등으로 합격한 것만 봐도 알 수 있었다.

  "자 받아! 합격 선물이다!"

  큰 오빠는 여동생의 합격을 축하하며 '법률에 관한 책'을 사서 선물했다. 아직 중학생이었던 이태영은 어려운 단어가 가득한 책을 읽으려 노력하며 '변호사가 되겠다'는 꿈을 다지기 시작했다.

  그러나 처음으로 가족과 떨어져 기숙사 생활을 시작한 이태영은 밤낮으로 눈물을 쏟았다. 근처에 있는 광성고등보통학교에 다니던 작은 오빠가 자주 찾아와 동생을 달랬지만, 그녀는 가족을 향한 그리움에 힘들어했다.

  2개월 뒤, 이 소식을 들은 큰 오빠가 이태영의 기숙사 앞으로 찾아왔다.

"네 나이면 예전에는 시집갈 나이다. 밤낮 울기만 할 거면 당장 공부를 그만두고 집에 가자."

큰 오빠는 여동생을 보자마자 따끔하게 말했다. 그녀는 '집에 가자', '시집갈 나이'란 말에 놀라 고개를 내저었다.

"아니야, 오빠. 난 공부를 하고 싶어."

그녀는 큰 오빠를 돌려보내고 마음을 다잡아 학교생활에 적응하려 노력했다. 공부에 집중하면서 책도 많이 읽었다. 위인전, 문학, 역사 관련 책을 즐겨봤고, 큰 오빠가 사준 법률책도 수시로 읽었다. 교과과목 중에서 역사를 가장 좋아했고, 지리나 음악, 미술, 체육도 두루 잘했다. 가정 시간에는 어릴 때 어머니께 배운 바느질과 자수 솜씨를 드러내기도 했다.

그리고 첫 여름방학이 되어 영변의 집으로 내려가 있을 때 이태영은 가족들에게 자랑스러운 성적표를 보여주었다. 60명 중 1등! 이후로도 그녀는 줄곧 수석을 놓치지 않고 졸업을 맞았다.

이화여전 특대생 | 당시 이태영의 학비와 생활비는 모두 장남인 큰오빠가 대주고 있었다. 부인과 자식, 그리고 홀어머니도 부양하는 상황에서 동생의 학비 지원은 분명 벅찬 일이었다. 그러나 큰 오빠는 힘든 내색 없이 항상 이태영에게 용기를 주었다.

"일단 시작을 했으니까 중간에 포기하지 말고 열심히 공부해서 꼭 변호사가 되렴."

하지만 상급반 진학을 앞둔 이태영은 학비가 고민이었다. 그녀는 가족을 위해 학비 부담이 없는 고등사범학교[2]를 목표로 시험을 준비했다. 그러나 워낙 경쟁률이 세고 입학시험도 어려웠다. 합격하려면 수시로 밤새며 공부할 수밖에 없었다.

'어? 왜 이렇게 어지럽지……?'

어느 날 새벽 일찍 일어나 책상 앞에 앉았는데, 세상이 온통 노랗고 어지러워 몸을 가눌 수가 없었다. 병원 진료를 받고 듣게 된 병명은 황달[3]이었다.

그런데 그녀가 한창 황달 치료를 받을 때, 광동보통학교로부터 교사로 아이들을 가르쳐달라는 연락을 받았다. 처음에는 공부를 중단하는 사실이 마음에 걸렸으나, 생활비와 학비를 떠올리고 그 제안을 받아들였다. 그때의 나이는 불과 열일곱 살이었다.

그녀는 2학년 담임을 맡아 자신과 크게 나이 차이 나지 않는 아이들을 가르치며, 공부를 계속해야겠다는 생각은 멈추지 않았다.

'하지만 교사 일을 하면서 공부를 병행하긴 어려워…….'

어쩔 수 없이 목표를 낮춘 이태영은 이화여자전문학교 입학시험에 응시해 합격했다. 당시 이화여전은 기독교 가정이나 가난한 가정에서 자란 여학생들이 가장 많이 진학하는 학교였다.

"전교에서 가장 품행이 단정하고 성적이 우수한 학생에게는 1년간 특대생 자격을 부여하여 학비를 면제할 예정입니다."

이태영은 입학식에서 김활란 학장의 발표를 듣고 자신도 특대

---

[2] 일제 강점기 시절 교원을 전문으로 양성하던 학교. 수업료가 전액 면제되었을 뿐만 아니라 취업도 보장이 되었다.
[3] 온몸과 흰자위가 누렇게 변하는 병. 몸이 노곤하고 입맛이 없으며 신체가 여윈다.

생이 되어 학비면제를 받아야 겠다고 결심했다.

'집에서 혼담이 오가고 있다는데, 나는 공부에만 전념하고 싶어.'

그녀는 3년간 온 힘을 다해 공부에 매달렸다. 1등을 해야만 특대생이 될 수 있었기 때문이다. 그 결과, 첫해 1학기 1등이 되어 특대생으로 뽑히고부터 한 번도 특대생 자리를 한 번도 놓치지 않았다.

이화여자전문학교 시절

'근데 왜 우리 학교엔 법과가 없지?'

그녀는 입학 당시에도 막연하게 변호사가 되고 싶다는 꿈을 품고 있었지만, 이화여전에는 법과가 없었다. 다른 과에는 흥미가 없던 그녀는 어쩔 수 없이 가사과를 선택했었다.

그런데 1933년 3월, 이화여전 본과 1학년이 되었을 때 이태영은 가사과 시간표에서 법률경제 과목을 발견했다. 그녀는 한껏 눈을 빛내며 연희전문학교 교수인 정광현 교수의 특별강의를 들었고, 덕분에 교수님의 눈에 들 수 있었다.

"이태영 학생이라고 했나? 법률경제 과목을 아주 열심히 듣던데. 법률에 대한 지식도 있고."

"사실 교수님, 저는 어릴 때부터 변호사가 되고 싶었어요. 하지만 이화여전에는 법학과가 없어서……."

"이거 참 안타까운 일이군. 자네만 괜찮다면 내가 법학을 개인 지도 해줘도 될까?"

"네? 정말이요?"

이태영은 크게 기뻐했고, 그날부터 학교에 두 개의 보따리를 들고 다니기 시작했다. 하나에는 가사과에 관한 책이, 나머지는 법률 관련 책이 담겨 있었다. 물론 두 마리 토끼를 잡으려니 계단을 오를 때 두 단씩 뛰어올라야 할 정도로 시간이 부족했다. 더구나 특대생 자리도 유지해야 했다. 그러나 그녀는 포기하지

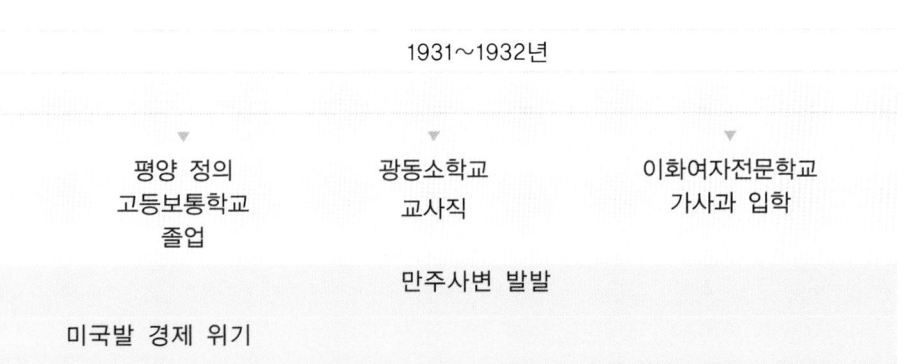

않고 정광현 교수로부터 개인지도를 받으며 차근차근 법률 지식을 쌓아 나갔다.

당시 정광현 교수는 첫 학기 중간시험을 치른 이태영에게 3년 동안 법률공부를 지원해주겠다는 약속을 했고, 그녀처럼 법학에 관심이 있는 학생들을 위한 '법률경제연구회'를 만들었다. 처음엔 14명 정도가 가입해 활동했으나, 공부에 대한 부담과 흥미 부족으로 모두 그만두고 이태영만이 남고 말았다.

이화여전 가사과 단체 사진

성장 | Growth | : 20~30대

제2세대의 인형 | 이화여전 재학 시절, 이태영은 정동 기숙사에서 신촌 본관까지의 길을 매일 걸어 다녔다. 공부한다고 앉아만 있는데 걸으며 운동도 되고 좋았고, 교통비를 아껴 평소 읽고 싶은 책을 살 수 있어서 좋았다.

또 북아현동과 신촌 사이 솔밭길을 오가며 발성을 연습했는데, 어머니의 영향으로 신앙심이 깊던 그녀는 정동교회 합창단에 속해 자주 독창을 맡았기 때문이다. 당시 그녀는 교회 성악과 과장으로부터 성악과로 전과하라는 권유를 받을 만큼 수준급의 성악 실력을 보였다.

이화여전이 신촌캠퍼스로 이전한 1935년, 이태영은 4학년이 되어 학기를 보내고 11월에 조선중앙일보사가 주최한 전조선 여자 전문학교 웅변대회에 참가했다. 그녀는 '제2세대의 인형'이라는 제목의 웅변을 했다. 남녀차별을 반대하며 그동안의 악순환을 걷어내자는 내용이었다.

"제1의 인형이 입센의 '로라'라면 제2의 인형은 한국 여성입니다. 한국 여성들은 로라처럼 참고 복종하는 굴레에서 벗어나야 합니다."

그러나 당시는 가부장적인 사고가 당연한 시절이었다. 이태영의 웅변 내용은 시대를 앞서 있었다. 관중석에서는 야유가 터져 나왔고 웅변은 잠시 중단되었다.

"참고 복종하는 것이 여자의 미덕이지!"

"암탉이 울면 집안이 망하는 법이야!"

하지만 이태영은 청중들의 거친 반응에도 흔들리지 않았다. 심사위원들도 웅변을 계속 진행하라는 사인을 보냈다. 그녀는 목청 높여 한국 여성의 독립과 인권향상에 대해 웅변을 이어나갔고 당당하게 1등을 차지했다.

제1회 전국여자전문학교 학생웅변대회 1등 수상

다음 해 3월, 이태영은 4년 동안의 학교생활을 마치고 이화여전 졸업장을 받았다. 그날 그녀의 마음은 뿌듯함으로 가득차 있었다. 입학 당시만 해도 학비 부담에 졸업할 수 있을까 한 걱정이었는데, 수석 졸업생으로 상장까지 받고 교문을 나서게 된 것이다.

'미국으로 유학을 가보고 싶지만……역시 이번에도 학비가 문제구나.'

한창 학비 문제로 고민하던 중, 갑자기 평양여자고등성경학교에서 교사로 와달라는 제안을 받았다. 가사 선생님 겸 음악 선생님으로 말이다. 그녀는 과거 아이들을 가르쳤던 경험을 살려 다시 교사 일을 맡았고, 동시에 여성 인권유린의 중심에 있던 '기생'의 실태 조사도 벌였다.

먼저 기생학교인 권번[4]을 찾아가 조사목적을 알리고 어린 학생들과 함께 기생 수업을 들었는데, 먹고살기 힘들어 어쩔 수 없이 기생이 된 경우가 대다수였다. 그녀는 가슴속이 찢기는 듯한 안타까움을 느꼈다.

'나 혼자만으로는 해결하기 어려운 일이구나.'

그녀는 기생학교에서 보낸 며칠 동안 한국 여성의 모순을 직접 체험하며 사회문제를 바라보는 시각을 넓혀나갔다. 그리고 인권유린을 당하고 있는 사람은 비단 여성만이 아니라 남성도 마찬가지라는 사실도 깨달았다.

무명 10필의 결혼식 | 그 당시 이태영의 집에는 셀 수 없이 많은 혼담이 들어오고 있었다. 이화여전의 특대생이라는 명함은 그녀를 유명하게 만들었고, 사회지도급의 명사들도 며느릿감으로 삼고 싶어 했다.

그때 이태영은 '어느 지식인 부부의 모습'에 마음을 빼앗겨 있었다. 미국 유학을 다녀와 자연에서 농사를 지으며 남편과 아내가

---

[4] 일제 강점기 기생조합의 일본식 명칭. 직업적인 기생을 길러내던 교육기관이자 기생들이 기적을 두고 활동하던 조합이다.

평등하게 살아가는 모습은 마치 그녀의 이상 그 자체였다.

'그들처럼 사랑한다면 어떤 재산이나 지위를 가진 사람도 부럽지 않을 텐데!'

"그 얘기 들었어?"

그녀는 평양의 성경학교로 부임할 즈음인 1936년 4월, 우연히 한 남자의 소문을 듣게 되었다. 7년간의 미국 유학을 마치고 연희전문학교에서 사회학 교수로 있던 사람이 공장 근로자들을 위한 개척교회를 열었다는 이야기였다. 그는 자신보다 열 살이 많은 정일형[5]이라는 남자였다.

'참 멋진 분이구나. 미국 유학까지 다녀와서 가난한 공장 근로자들을 위해 창고교회를 열다니.'

사회 곳곳에서 일제의 탄압이 극에 달할 무렵이었다. 나라의 앞날을 걱정하며 일제에 저항하는 지식인들이 있는 한편 일제의 앞잡이로 변절하는 지식인들도 적지 않았다.

당시 정일형은 친일파로 돌아선 지식인들을 보며 큰 분노를 느끼고 연희전문학교에 사표를 냈다. 그리고 '평양에서 가장 가난한 근로자들이 많이 모여 사는' 평양 선교리 공장지대의 신리로 가서 제사공장 창고를 빌린 뒤 작은 교회를 열었다.

이태영과 정일형의 첫 만남은 운명 같았다. 이화여전 졸업생들이 모인 '평양동창회' 주최자들이 이화여전의 개교기념일인 5월

[5] 관료·정치인·독립운동가. 1904년 2월 평안남도 서해의 도시 진남포 앞바다에 있는 제도에서 태어나 네 살 때 아버지를 여의고 홀어머니 슬하에서 어린 여동생과 성장했다. 평양 광성학교와 연희전문학교 문과를 졸업하고, 미국의 웨슬리언 대학에서 신학과 사회학을 전공했다.

30일을 '이화 주일'로 정하고, 교회에서 예배를 열기로 했을 때였다.

"'이화 주일' 예배를 우리 교회에서 하는 게 어떻습니까?"

평양동창회는 정일형의 제안[6]을 받아들였고, 그의 개척교회에서 주일예배를 드리기 시작했다. 덕분에 이태영과 정일형은 매주 만나며 친분을 쌓아갔다.

그러나 이태영의 가족들은 두 사람이 가까워지는 것을 못마땅하게 여겼다. 그녀가 번듯한 집에 시집가서 호강하길 바란 것이다.

반면 이태영에게 재산이 많고 적음은 중요치 않았다. 그녀는 정일형을 누구보다 존경하고 믿을 만한 사람이라고 생각했다. 그 역시 그녀에 대한 진심을 행동으로 보여줬다. 이태영이 잠시 병원에 입원해있을 때 매일 같이 병실을 찾아와서 가족들의 생각을 바꾼 것이다.

1936년 12월 26일, 정일형과 이태영은 평양 정의여고 강당에서 결혼식을 올렸다[7]. 이태영은 뛰어난 바느질 솜씨로 결혼식에 입을 한복과 면사포를 직접 만들었고, 피아노 연주자와 신부 들러리들의 오렌지빛 옷도 함께 만들었다.

"정일형 군은 애국애족하는 장래가 촉망되는 청년입니다."

도산 안창호 선생의 축사에는 신랑 정일형에 대한 칭찬의 말이 가득했다.

---

[6] 정일형은 예전에 정동교회 이화합창단에서 노래를 부르던 이태영을 본 적이 있어서 이러한 제안을 했는데, 당시 이태영은 그 사실을 알지 못했다.
[7] 부부는 추억이 담긴 그날의 면사포와 예복을 평생 간직했다.

결혼식 당시의 사진

"정직하고 성실하며, 학문이 높고 겸손한 사람입니다. 이런 신랑을 맞이한 신부는 가장 행복한 분임에 틀림이 없습니다."

결혼식을 무사히 마친 두 사람은 신혼여행을 생략하고 평양 선교리 시댁으로 갔다. 경제적인 이유도 있으나 '모든 것을 간소하게 꾸려가자'는 결혼 전의 약속 때문이기도 했다.

당시 신부 이태영은 결혼 예단으로 무명 10필을 받았는데, 친정 식구들은 '가난한 가정에서 받는 예단'에 당혹스러워했다.

그러나 자세한 사정을 아는 이태영은 무명 10필을 그 무엇과도 바꿀 수 없는 값진 선물이라 여겼다. 바로 시어머니가 손수 목화를 심고 실을 뽑아 마련한 예단이기 때문이었다. 그녀는 시어머니의 정성이 담긴 무명 10필을 가보로 생각하고 소중하게 사용했다.

이처럼 소박한 결혼생활을 시작한 이태영도 '결혼반지'만큼은 특별하게 생각했다. 정일형은 그 마음을 이해하고 한돈 짜리 백금 반지를 사랑의 표식으로 삼아 손가락에 끼워주었다. '1936. 12.26'이라는 결혼식 날짜와 함께 월계수 잎이 조각된 세상에서 유일무이한 결혼반지였다. 그녀는 그날 받은 반지를 세상을 떠나는 날까지 단 한 번도 손가락에서 빼지 않았다.

그러나 이태영의 행복한 마음과는 달리, 자식보다 더 여동생을 아꼈던 큰 오빠는 가난한 데다 일본 순사의 감시를 받는 정일형과의 결혼이 불안하기만 했다.

그는 결혼식 다음 날 채 동이 트기도 전에 여동생의 시집으로 달려왔다.

"탱아! 탱아!"

이태영은 목이 터져라 자신을 부르는 소리에 깜짝 놀라 대문을 열어주었다. 큰 오빠는 당장에 집안으로 들어와 아랫목에 손을 넣었다.

"이 정도면 몸이 춥지는 않겠구나."

그렇게 안도하고 돌아선 큰 오빠는 바로 집으로 돌아갔다. 그도 아침 일찍 사돈댁을 찾는 것이 예의에 어긋나는 일이라는 것을 알았지만, 가난한 집으로 시집간 동생에 대한 걱정은 어쩔 수 없었다.

당시 이태영은 오빠의 행동에 화를 내기보다는, 밤을 꼬박 새우다 시댁으로 달려온 오빠를 떠올리며 자신을 향한 깊은 사랑에 가슴이 뭉클해지는 기분을 느꼈다.

'오빠한테 성실하고 행복하게 잘 사는 모습을 보여줘야지.'

정일형 이태영 부부와 시어머니

이태영은 정일형과의 단란한 신혼생활을 시작했다. 남편 정일형은 여전히 신리에서 개척교회를 운영했고, 자신은 성경학교의 선생으로서도 열심히 일하면서 집안 살림을 도맡았다. 학교에서 집으로 오는 길에 시장을 보고 돌아와 남편의 저녁 식사를 차렸다. 다만 남편 서랍장을 따로 정해서 양말과 와이셔츠, 넥타이 등을 구분해놓고 남편이 스스로 찾아 쓰도록 했다.

덕분에 남편은 한 번도 양말을 가져다 달라고 아내를 부를 일이 거의 없었고, 이때의 생활습관은 무려 40년간 변하지 않고 이어졌다.

안창호 선생의 강연회 | 결혼식 다음 해였다. 정일형은 평양 감리교 기독청년회의 연합회장이 되어 평양 남산현 교회에서 도산 안창호 선생의 특별강연회를 주관하고 사회를 맡았다.

당시 안창호 선생은 상해에서 일본 경찰에 체포되어 평양으로 압송된 뒤 수년간의 투옥 생활을 거쳐 가석방된 상태였다. 이 상황에서 사람들을 모아 경연을 한다는 건 아주 위험한 일이었다.

실제로 평양경찰서 고등계 형사들은 안창호 선생의 강연이 있다는 정보를 파악하고 그 주변 인물들을 감시하고 있었다.

당연히 청년회 중 일부가 강연을 취소하자는 의견을 냈지만, 정일형은 불미스러운 사태가 일어나면 자신이 책임을 지겠다고 약속하고 강연을 강행하려 했다. 그러자 주변에서도 불안해하는 말이 들려왔다. 오직 아내 이태영만이 그의 생각을 지지해주었다.

강연 당일, 일제의 온갖 방해에도 불구하고 강연장에는 평양이 생긴 이래 가장 많은 군중이 모여들었다. 안창호 선생은 '나아가자'라는 주제로 2시간에 걸쳐서 청년들의 패기를 촉구하는 강연[8]을 이어나갔고, 청년들의 마음속에 애국심을 고취 시키기 위해 열변을 토했다.

그 직후인 1937년 10월, 그는 서울 감리교 신학교 교수로 부임을 받고 학생들에게 신앙을 가르치기 시작했다. 사실 감리교 신학교는 민족주의자들의 거점이기도 했는데, 이름 있는 애국지사들이 교편을 잡고 있었다.

도산 안창호 선생의 강연으로 이미 일본 경찰들에게 제대로 눈도장이 찍힌 그가 항일운동의 중심으로 발을 들인 셈이었다. 당연히 그의 앞날에는 셀 수 없는 고초들이 기다리고 있었다.

새벽이 동이 트기 전이 가장 어둡다는 말이 있다. 1930년대 말에서 1940년대 초 사이, 광복을 맞이하기까지 몇 년간은 이태영과 정일형 두 사람에게 견디기 힘든 시련이 연이어 찾아온 시기였다.

첫 시련은 부부가 감리교 신학교 사택에서 신혼생활을 이어갈 때 찾아왔다. 두 사람의 첫 딸이 태어난 지 3개월 만에 열병으로 숨을 거두고 말았다. 이태영은 어린 생명을 잘 돌보지 못했다는 자책감에 몹시 괴로워했다.

다른 시련은 남편 정일형에게 닥쳤다. **수양동우회 사건**[9]으로

---

[8] 이날의 강연은 도산 안창호 선생이 대중 앞에서 한 마지막 강연이었다. 선생은 얼마 후 다시 수감 되어 이듬해에 세상을 떠났다.

정일형과 안창호 선생을 비롯한 수많은 흥사단[10] 관계자들이 검거된 것이다. 수양동우회는 겉으로는 수양을 목적으로 하는 동우회였으나, 실상은 독립운동을 목적으로 하는 단체였다. 당시 서울에 온 지 4개월밖에 되지 않은 정일형은 그나마 혐의가 적다는 이유로 석방되었다.

두 번의 파도가 지나간 1939년 겨울, 이태영은 딸 정진숙을 품에 안고 딸을 잃은 슬픔에서 벗어났다. 정명여자고등학교의 교사로 일하며 살뜰히 아이를 돌봤고, 육아와 가정 관리에 관한 책 집필을 준비하며 바삐 자료를 모아나갔다.

정일형의 일상도 안정된 듯 보였다. 그는 감리교 신학교에서 사회학, 철학, 종교교육 등을 강의하는 한편, 독립운동을 위해 지방 청년들과 연락을 취하며 신앙심을 바탕으로 한 조직력 강화에 힘을 쏟고 있었다.

그런데 갑작스레 세 번째 시련이 찾아왔다. 1940년 4월, 감리교 신학교 교내에 창씨개명과 총독 정치에 반대하는 내용의 전단지[11]가 뿌려진 것이다.

서대문 경찰서 경찰들은 변홍규 교장과 정일형을 비롯한 교수들, 그리고 학생들까지 무차별적으로 체포했고, 이들을 경찰서로 끌고 가서 무자비하게 고문하기 시작했다. 일본 경찰은 서양 선

---

9) 수양동우회가 잡지 동광을 발행해 민중 계몽과 독립사상을 퍼트리자, 일제는 1937년 6월부터 1938년 5월 사이 동우회와 관련 있는 181명의 지식인을 검거했다. 당시 총 41명이 기소되었다가 무죄로 석방되었으나, 이 과정에서 지식인 다수가 친일로 돌아섰다.
10) 1913년 5월 13일 미국 샌프란시스코에서 안창호 선생의 주도로 창립된 민족운동단체
11) 당시 감리교 신학교를 감시하던 일본 경찰이 조선인 앞잡이를 내세워 꾸민 함정이었다. 그들은 전단에 적혀 있는 글의 필적이 이태영의 필적과 비슷하다며 생트집을 잡기도 했다.

교사들의 항의[12]가 빗발치자 3개월 만에 교수와 학생들을 풀어줬는데, 경찰서를 나온 정일형은 거의 송장이나 다름없을 정도로 초췌한 모습이었다.

5년간의 옥바라지 | 일제는 석방된 이후로도 정일형을 끈질기게 괴롭혔다. 일본 이름으로 바꾸길 거부하는 그를 어떻게든 다시 잡아넣으려고 호시탐탐 노리다가 불시에 집으로 들이닥쳐 연행해 갔다.

당시 정일형의 체포에 앞장선 사람은 이유종이라는 조선인으로 아주 잔인하고 악질적인 일본 경찰의 표본이었다. 당시 그는 정일형이 구속되기 직전 은사인 랄프 펠톤 박사를 도와 간행한 책 '농촌교회독본[13]'을 문제 삼았다.

"정일형! 어서 죄를 자백해!"

"죄가 있어야 자백을 할 것 아닙니까?"

"'농촌교회독본'은 조선 농촌의 실정을 조사해서 미국인에게 팔아먹기 위한 자료잖아? 얌전히 국제첩자라고 자백하면 고문을 멈춰 주지!"

정일형은 10시간이 넘는 심문을 받으면서도 자신의 신념을 지켰지만, 고문이 한 달여가 넘게 이어지자 각혈과 빈혈로 서지도 못하는 상태가 되었다. 생명이 위독하다고 판단한 일본 경찰은

---

[12] 일제는 이후 서양 선교사들을 본국으로 추방하고 여러 감리교 신학교들도 폐쇄했다.
[13] 1940년 미국 드루대학교의 랄프 펠톤 박사가 한·중·일의 농촌 교회 현황을 조사하고 자립 방법을 연구한 책이다. 1930년대 후반 한국 농촌 교회의 실태를 알 수 있는 자료이다.

그제야 그를 풀어주었다.

그날 이태영은 인력거를 타고 집으로 돌아온 남편의 참혹한 모습에 온 마음으로 아파했고, 그날부터 눈물겨운 간호와 간절한 기도로 남편을 돌보기 시작했다.

당시 이태영의 뱃속에는 딸 정선숙이 자라고 있었는데, 그녀는 교사 일과 남편 간호, 시어머니와 아이를 돌보느라 몸이 둘이라도 모자랄 지경이었다. 아내에게 짐이 되고 싶지 않았던 남편은 지인의 권유를 받아들여 일본 교토로 요양을 떠났다.

그런데 정일형이 가까스로 건강을 회복한 시기인 1941년 12월 8일, 일본이 하와이 진주만을 기습 공격하여 태평양전쟁을 일으켰다. 다음날 귀국 준비를 하던 정일형에게도 날벼락이 떨어졌다. 일본 헌병대에 체포되어 말로 다 할 수 없는 수난을 겪게 된 것이다.

정일형은 한 달이 지나 빈사 상태로 서울로 호송되었다. 그러나 병을 추스르기도 전에 다시 평양경찰서로 압송되어 친일을 강요[14]당했으며, 이번엔 아내 이태영도 경찰로 불려갔다.

그녀는 조사받는 과정에서 경찰들에게 온갖 폭언과 함께 인격적인 모독을 당했고, 심할 땐 온몸으로 저항하느라 취조실을 엉망진창으로 만들었다. 구속을 당한 건 아니라서 조사가 끝나면 집으로 돌아갔지만, 매일 같이 이어지는 심문은 몸과 마음을 지치게 했다. 대문 두드리는 소리만 들려도 경찰이 또 왔다는 생각에

---

[14] 당시 일제는 불경죄·치안유지법 등을 내세워 항일투사나 일제에 비협조적인 사람들을 체포하고 구속하고, 일본에 충성을 맹세하도록 강요했다.

가슴이 철렁할 정도였다.

'여기서 무너지면 안 돼. 죽기 아니면 까무러치기다.'

이태영은 한 달에 한 번씩 경의선 밤차에 올랐다. 밤늦게 평양에 도착하면 대동강 철교 밑에 쪼그리고 앉아 있다가 날이 밝을 때 평양경찰서 유치장으로 달려갔다. 평양에 도와줄 수 있는 친척과 지인들이 많았지만, 혹시라도 피해가 갈까 봐 그들의 도움을 받지 못했다.

정일형이 유치장에 갇힌 2년 동안 일본 경찰은 그를 기소할 그 어떤 증거도 찾지 못하고 있었다. 그들은 어떻게든 죄명을 만들기 위해 고문과 심문을 멈추지 않았다. 이로 인해 유치장 안에서 겨울을 보낸 정일형의 몸 상태는 갈수록 나빠졌다. 동상으로 발톱이 모두 빠지고, 코와 귀에서는 진물이 흘러내렸다.

"의사와 약을 좀 구해주세요!"

이태영은 남편이 의사의 치료를 받을 수 있도록 동분서주했고, 정일형은 간신히 생명의 끈을 붙잡았다. 그러나 각혈을 하는 등 예후는 좋지 않았다. 그가 유치장 안에서 숨질 수도 있다고 우려한 경찰은 '주거 제한'이라는 조건을 걸고 석방했다. 정일형은 기독교병원에 입원해 겨우 건강을 회복할 수 있었다.

민족운동가 아내의 굽은 손가락 | 정일형이 투옥과 고문, 유치장을 전전하던 7년간은 이태영이 결코 잊을 수 없는 혹독한 시간이었다.

남편이 옥에 갇히고 씻을 수 없는 상처를 입었을 때, 이태영은 생활비와 약값을 마련하기 위해 발을 동동 굴렀다. 교사 월급만으로는 돈이 턱없이 부족했기 때문이다.

"누비이불 장사를 해보면 어때요? 꽤 괜찮은 장사라고 들었어요."

이태영의 어려운 사정을 알고 있던 가사과 과장 방신영 교수가 한 말이었다. 그녀는 앞뒤 가리지 않고 바로 하겠다고 대답했다.

'그런데 재료를 살 돈이 없잖아······.'

그녀는 주변에 도움을 청해 겨우 보증을 받고 자미사[15] 한 필, 솜 한판, 실 두 타래, 물감을 샀다. 자미사 한 필로는 누비포대기[16] 두 개를 만들 수 있고, 솜 한 뭉치면 누비포대기 4개를 만들 수 있었다. 재료를 들고 집으로 돌아오는 발걸음은 구름 위를 걷듯 가벼웠다.

그러나 막상 시작하려니 누비이불을 만들어본 경험이 없어 막막했다. 그녀는 첫 시도에 염색을 잘못해서 천을 모두 망쳤다.

'이제 빚은 어떻게 갚을까? 그 비싼 치료비와 약은 또 어떻게 구하고!'

이런저런 생각으로 정신이 아득해지고 온몸에 힘이 풀렸다. 그녀는 그대로 마당에 주저앉아 소리 내어 울고 말았다. 묵묵히 참아온 불안과 서러움이 폭발한 것이다.

"너무 걱정하지 말아요. 낙원동 조합에 가면 쓸모없는 비단을

---

[15] 무늬가 있는 얇고 부드러운 견직물이다.
[16] 누벼서 만든 어린 아이의 이불. 덮고 깔거나 업을 때 쓴다.

탈색해서 다시 염색할 수 있다니까요."

다음 날 이태영은 이웃의 조언에 염색하다 망친 젖은 비단을 양동이에 담아 머리에 이고 대문을 나섰다. 희망을 찾은 얼굴에는 화색이 돌았지만, 초라한 행색을 누군가 볼까 무서운 발길은 행인이 적은 좁은 골목길을 골라 갔다.

'이제 제법 봐줄만 한데?'

우여곡절을 겪은 이태영의 솜씨는 하루가 달리 발전했다. 다른 사람의 도움 없이 능숙하게 염색해서 누가 봐도 괜찮은 누비이불을 만들 수 있게 되었다.

"누비이불 구경하세요!"

이태영은 머리에는 이불 보따리를 이고 부지런히 골목 이곳저곳을 누비기 시작했다. 등에는 둘째 딸을 업고 한 손으로는 큰딸의 손을 잡은 채였다. 크고 작은 가게나 살림살이가 넉넉한 가정집 문을 빠짐없이 두드렸고, 어쩔 땐 길거리에서 이불을 팔기도 했다.

"곱게 염색한 누비이불 사세요!"

물론 무거운 이불을 머리에 이고 종일 고함을 치다 보면 목도 아프고 몸이 녹초가 되었다. 그러나 이불이 하나둘 팔릴 때마다 저절로 힘이 솟아났다. 판로가 넓어질 무렵엔 제법 노련한 장사꾼으로 거듭났다.

그러나 불행은 끈질기게 이태영의 가족을 찾아왔다. 일제는 그녀와 아이들이 살던 신학교 사택 전체를 '선교사 수용소'로 사용하겠다며 집을 비우라고 통보했다. 마땅히 갈 곳이 없던 가족은 지하실에 숨어 며칠을 버텼지만 금방 경찰에게 발각되었다.

만삭의 이태영은 아이들과 함께 눈이 펑펑 내리는 길거리로 쫓겨났다. 그녀는 아이들을 부둥켜안고 막막한 울음을 쏟았다. 그런데 길을 가던 한 할머니가 다가와 말을 걸었다.

"우리집에 빈방이 있으니 거기서 지내지 않으려우?"

할머니의 목소리는 마치 천사의 목소리 같았다. 이태영은 아이들을 따뜻한 방 안에 재우고 할머니의 사연을 들었다. 할머니는 하나뿐인 아들이 징용되어 전쟁터로 끌려갈까 걱정해 건넌방에 숨겨두고 있다고 했다.

"점을 쳐보니 아들에게 낀 액을 없애려면 불쌍한 사람을 도와야 한다지 뭐가. 근데 마침 선교사 집 아낙이랑 애 둘이 엄동설한에 쫓겨났다는 얘기를 들은 거지."

가족에는 천운과도 같은 이야기에 깊은 고마움을 느낀 당일, 목욕탕에 들어간 이태영은 갑작스럽게 해산을 하게 되었다.

"에고 이거 어째, 탯줄을 끊을 가위도 없는데…!"

할머니도 전혀 예상하지 못한 상황이었다. 다행히 소식을 듣고 찾아온 올케가 출산을 돕고 입으로 탯줄을 끊어주었다. 그날 어렵게 태어난 아이가 바로 아들 정대철이었다.

그 후 이태영은 자신의 외모를 신경 쓸 겨를없이 오직 '남편의 목숨을 살리고 가족을 지킨다'라는 일념으로 하루하루를 버텼다. 어느덧 희고 고운 얼굴은 사라지고 거친 살결에 거뭇거뭇 기미까지 생겼으며, 염색약을 만진 손 곳곳에는 얼룩이 남아 지워지지 않았다. 염색소에서 나오는 독기 때문에 기관지가 상해 자주 기침을 했다.

또 매일 원단을 자르고 바느질을 하느라 툭하면 엄지손가락을 다쳤는데, 상처가 나은 뒤에도 엄지손가락이 굽어서 잘 펴지지 않았다. 재봉틀을 밤새 밟다 보니 발이 부어서 절뚝거렸다.

그래도 그녀는 누비이불 장사를 그만둘 수 없었다. 가족의 생계가 달린 일이었기 때문이다[17].

녹슬지 않는 칼 | 누비이불 장사가 자리를 잡을 즈음, 중일전쟁에서 불리해지고 있던 일본은 '옷감' 같은 전쟁물자를 통제하기 시작했다. 이태영이 '옷감 가게'를 해보라는 주변의 권유를 받았을 시점이었다.

그녀는 지금의 교남동 근처에 가게를 얻어 시흥상회라는 간판을 걸었다. 옷감 가격이 많이 올라서인지 하루 매상부터가 누비이불 장사 때와 달랐다. 수입이 올라갈수록 집안 형편이 좋아졌고 아이들의 생활도 점차 윤택해졌다. 그녀는 어느 정도 목돈이 모이자 주변에서 융통한 돈과 금융조합에서 빌린 대출금을 합쳐서 집을 장만했다. 결혼생활 10년 만에 처음 가져보는 집이었다.

---

[17] 당시 이태영이 가장 갖고 싶어한 물건은 '옷감이 잘 잘리는 가위'였다. 훗날 남편 정일형은 외국에 나갈 때마다 가위를 사서 아내에게 선물하고는 했는데, 어려웠던 시절을 잊지 말고 감사하며 살아가자는 의미였다.

그때의 이태영은 말 그대로 '슈퍼맘'이었다. 남편의 옥바라지에 아이들의 양육, 집안일과 장사까지 몸이 열 개라도 모자랐다. 아침부터 밤까지 재봉틀을 돌리던 그녀는 문득문득 법률공부를 하며 미국 유학을 꿈꾸던 시절을 떠올리고 씁쓸한 마음을 느끼기도 했다.

'아니야, 늙어서 할 고생 젊어서 한다고 생각하자.'

이태영은 금방 자신을 다독였다. 투옥 중의 남편을 만날 때마다 늘 웃으려고 노력했다. 남편이 가슴 한구석에 어머니와 아내, 아이들을 고생길로 내몰았다는 죄책감을 품고 있다는 사실을 알고 있었기 때문이다. 그녀는 남편의 의기소침한 모습을 보고 싶지 않았다[18].

"어떡하죠? 이제 옷감 한 필도 구하기 어려워졌어요."

전쟁이 끝을 보일 때쯤 일제의 수탈은 가혹해졌다. 이태영의 가게도 물건을 구하지 못해 문을 닫는 날이 많아졌다. 다른 방법을 궁리하던 그녀는 YWCA[19]에 나가 양재[20]를 배우기 시작했다.

2개월 후, 이태영의 가게는 재봉소로 탈바꿈했다. 그녀는 재봉틀 두 대를 밤낮없이 돌리며 일을 했다. 옷감을 조금이라도 아끼기 위해 남은 조각으로 보자기로 만들었고, 여기서 남은 조각도 버리지 않고 금박을 찍어 댕기를 만들어 팔았다.

---

[18] 훗날 정일형은 온갖 고난 속에서도 화 한번 내지 않고 꿋꿋하게 버틴 아내에게 감탄하며 '고해에서 미소짓는 여인'이라고 불렀다.
[19] 일제강점기 시절 김활란 등 개신교 계열 여성 지식인들이 속해 있던 여성단체로, 출범 당시의 명칭은 조선여자기독교청년회연합회이다.
[20] 양복 재단 혹은 재봉을 말한다.

그러니 같은 양의 옷감이라도 몇 배의 수익이 남을 수밖에 없었다. 주변에서는 그녀의 야무진 솜씨를 보며 '역시 배운 사람이라 다르다'라고 감탄하고는 했다.

남편 정일형은 1943년 11월 29일 증거불충분으로 무죄를 받았으나 검사가 상고[21]를 하면서 해를 넘기고도 집으로 돌아오지 못했다. 그리고 몇 개월이 지난 봄날에 상고가 기각되었다는 소식과 함께 혹독한 수감 생활을 벗어났다.

당시 이태영은 남편과 함께 농사를 지을 생각으로 경기도 양주군 퇴계원에 있는 논 5천 평을 사놓았다. 그러나 일본 경찰은 정일형에게 '서울 근처를 떠나 시골에서 지내라'라고 협박 아닌 협박을 했다.

그녀는 결국 남편을 먼저 자신의 고향인 평안북도 운산군 북진[22]으로 보내고, 자신과 아이들은 남은 살림을 정리하고 4개월 늦게 운산으로 향했다. 어렵사리 재회한 이태영 부부는 아이들과 함께 단란한 생활을 시작했다. 그리고 아침 식사에서 이런 기도를 드리고는 했다.

"우리가 갈아둔 칼이 녹슬지 않게 해주소서."

이때의 '칼'은 남편 정일형이 자주 하던 말인데, 좋은 세상이 오면 갈아둔 칼을 유용하게 사용할 일이 있을 거라 의미가 담겨 있었다. 남편의 말처럼, 이태영도 사과 상자에 법률책을 담아 보관해두고 법률공부를 다시 시작할 수 있는 '좋은 날'을 기다렸다.

[21] 2심 판결에 불복하여 상급법원에 재심사를 신청하는 일이다.
[22] 고향에는 광산에서 일하는 이태영의 오빠들이 살고 있었다.

보따리를 바꿔 맵시다 | 이태영 가족이 운산에 모이고 시간이 흘러 1945년 8월 15일이 되었다.

"대한 독립 만세!"

이태영은 남편과 삼 남매를 껴안고 감격에 겨워 펑펑 울었다. 온갖 시련 속에서도 희망으로 품고 있었던 조국의 광복, 민족 해방의 순간을 맞이한 것이다.

"서울로 간다고요?"
그때 이태영은 남편이 중앙정부 연락위원이 되어 서울로 간다는 말을 들었다. 38선 이북으로 소련군이 들어왔다는 소식과 함께 남한에는 미군이 주둔하게 되었다는 소식이 들려온 찰나였다.
"미군정 사령관 하지 중장을 환영하기 위한 준비위원회라고 하더군."
"알았어요, 조심히 다녀와요."
그렇게 남편을 서울로 보낸 이태영은 고생하던 시절 도와준 분들에게 조금이라도 감사를 전하기 위해 동네 사람들과 나물을 말리고 있었다. 그녀는 말린 나물을 트럭으로 옮겨 기차 편으로 서울로 보낼 생각이었다. 그런데 그때 남편으로부터 편지가 한 통 도착했다.
'서울 거리를 걸어도 아무도 나를 미행하는 사람이 없소. 아무도 나를 가둘 사람이 없으니 날아다니는 기분이요. 이제 보따리를 바꿔 맵시다. 이제 당신은 평생의 소원이던 법률공부를 하시오. 내가 결초보은하는 마음으로 진심으로 당신을 돕겠소. 빨리 서울로 오시오.'

이태영은 자유를 만끽하는 남편의 기쁨에 공감하며, 그동안 마음속으로만 품었던 법률공부를 마음껏 할 수 있겠다는 생각에 눈물을 보였다.

"그 시절 남편을 위해 고생하지 않았을 아내가 어디 있었을까요?"

하지만 이태영은 자신의 고생을 진심으로 알아주고, 이제부터 아내의 든든한 지원자가 되어주겠다는 남편의 말이 너무도 고마웠다.

'그래, 서울로 가자.'

그녀는 당장 사과 상자를 뜯고 법학책을 펼쳐 들었다. 낯익은 책 표지를 보자 공부에 대한 열정으로 가득했던 시절로 돌아온 기분이 들었다. 비로소 누군가의 아내, 어머니, 며느리가 아닌, 인간 이태영으로서 다시 숨 쉬는 것 같았다.

서울대 법학과 아줌마 대학생 | 이태영은 새로운 시대가 온 만큼 자신의 인생에도 '새로운 도전'이 필요하고 생각했다. 재판장을 장악하고 있던 일본인인 판사와 검사, 변호사가 일본으로 돌아가면서 법조계에 사람이 부족했다.

사법 요원을 양성하는 기관이 만들어지고, 법학도 중에서 법관이 될 만한 인재를 뽑기 위한 자격시험이 치러진 것도 그 때문이었다.

이태영은 이화여전 시절에 배웠던 법률 지식을 떠올리며 과감히 시험에 응시했다. 그러나 '사기 강박에 의한 의사표시를 논하라'는 문제를 읽자마자 머릿속이 새하얗게 변해버렸다.

'시험결과가 35점이라니…….'

단번에 합격할 거라고 기대하지는 않았지만, 낙제점수를 받고 나니 오랜 꿈이 와르르 무너지는 기분을 느꼈다.

'나는 법학 공부를 할 만한 재목이 못 되는구나. 다 헛된 꿈이었어.'

남편은 의기소침해서 돌아온 이태영을 거듭 위로했다.

"법률공부를 제대로 하지 않고 어떻게 한술에 좋은 결과를 바라겠소. 준비하면서 기다리면 분명히 좋은 때가 올 것이오."

남편이 말한 '좋은 때'는 정말로 찾아왔다. 서울대학교가 1946년 3월부터 남녀공학 제도를 시작한 것이다. 삼십 대의 이태영은 남편의 지지와 자신의 노력으로 하늘이 내린 기회를 붙잡았고, 서울대 사상 최초의 여성법대생이자 가정주부 대학생으로 거듭났다.

'아 맞다, 김활란 총장님께 빨리 소식을 전하고 양해를 구해야 할 텐데…….'

이태영은 당시 김활란 총장으로부터 이화여자대학교[23] 가사과에서 의상학을 가르쳐달라는 부탁을 받고 수락한 상황이었다. 그녀는 합격 소식을 전하고 사표를 낼 겸 김 총장을 찾아갔다.

젊은 시절의 이태영 박사

"법학은 다른 남자들이 대신할 수 있는 학문이지만 한국 의상학은 네가 아니면 누구도 하지 못하는 일이야. 더구나 강사등록까지 마치지 않았니?"

김 총장은 버럭 화를 내고 사표를 받지 않았다. 이태영은 할 수 없이 서울대 법과대학 학장으로 있던 고병국 교수에게 1년만 휴학할 수 있도록 간청했다. 이번에도 고 학장의 호통이 돌아왔다.

"학생이 합격하면서 다른 학생은 기회를 잃었네! 휴학은 말도 안 되네!"

터덜터덜 밖으로 나온 이태영은 갈등을 거듭한 끝에 다시 사표를 손에 쥐었다. 그리고 김활란 총장 비서실에 몰래 사표와 편지를 놓고 나왔다.

'내가 진짜 서울대에 왔어……!'

이태영은 드디어 서울대에 발을 들였다. 학생들과 학문을 나누며 훌륭한 교수님들의 강의를 들을 수 있다니 감회가 새로웠다. 그녀는 뒤처지고 싶지 않아 잠까지 줄여가며 공부에 매진했다.

[23] 전 이화여자전문학교, 1946년 4월 문교부의 인가를 받아 대학 기관으로 승격되었다.

상법 수강생 때 한 번은 중간시험 대신 리포트를 제출한 적이 있었는데, 강의를 맡은 홍진기 교수가 다른 학생들의 리포트를 모두 돌려주면서 이태영의 리포트를 돌려주지 않았다.

"이 리포트는 이태영 학생의 리포트인데, 모범 답안이라고 생각되어서 강의실에 두고 가니까 학생들이 모두 돌려서 읽어보길 바랍니다."

이태영에게는 기쁘고 감격스러운 경험이었다. 뒤늦게 법학 공부를 하는 늦깎이 여학생에 대한 격려의 뜻인 것 같았다. 교수님의 말 덕분에, 그녀는 매년 이화여전 수석을 차지하던 당시의 자신감을 되찾았다.

"점심시간이 되면 미숙이를 학교 근처로 데리고 와 줘요."

한창 공부에 열중할 무렵인 1947년, 이태영은 가정부에게 독특한 부탁을 했다. 그리고 막내딸 정미숙을 안고 서울대학병원 근처 공원 안 풀숲이 우거진 곳으로 들어갔다. 갓난쟁이 딸에게 젖을 먹이기 위해서였다.

당시 그녀는 공부에 집중하면서도 아이들과 집안일, 남편 걱정으로 좀처럼 마음을 놓지 못했다. 그나마 다행스러운 일은 동기들이 늦깎이 법대생인 그녀를 같은 학생으로 대해준다는 부분이었다. 그들은 흔쾌히 노트를 빌려주거나 공부하는 요령을 알려주기도 했다. 특히 이태영과 함께 다니는 5명의 남학생이 있었는데, 그들은 다른 동기들에게 생육신이나 사육신[24]으로 불릴 정도로 사이가 좋았다.

[24] 1456년 단종 복위를 위해 목숨을 바친 여섯 명의 충신을 가리킨다. 의리와 충절의 상징

선생님, 사모님, 아주머니, 큰 누님, 누님! 동기 남학생들이 이태영을 부르던 호칭은 다양했다. 마치 친누나처럼 대하며 그녀의 집에서 편하게 모이고는 했고, 남편 정일형[25]과도 친분을 쌓았다.

'입학하고 1년 반이 지나서야 겨우 법률공부가 뭔지 감이 잡히네.'

서울대 법대 졸업 당시 사진

동기들의 도움으로 괜찮은 성적을 받은 이태영은 1950년, 꿈에 그리던 서울대학교 법대의 졸업장을 손에 쥐었다. 그녀의 나이 37세의 일이었다.

암탉이 울면 새벽이 온다 | 1948년 5월 10일, 남한은 단독으로 '총선거'를 실시했고 미군정이 밀고 있던 후보 이승만이 초대대통령으로 취임했다. 그 시점 이시영 부통령은 정일형을 불러 문교장관[26] 취임을 강하게 권유했다.

그러나 정일형은 이미 외무부 외교 특사단에 속해 유엔총회에 참석하도록 내정된 상황이었다. 그는 특사단으로 해외를 오가며 유엔으로부터 '남한 정부가 공식적인 정부라는 국제적 승인'을 받아내야 하는 중요한 일을 성사시켰다.

---

25) 정일형은 당시 미군정청 인사처장으로 근무하고 있었다.
26) 교육에 관한 업무 및 교과서에 관한 사무, 국가 교육의 정책 수립과 학교·평생 교육 및 인적 자원에 관한 사무를 관장하던 중앙 행정 기관, 1990년 12월 교육부로 개칭

그리고 이승만 정부의 입각 제안을 거절하고 두 해가 지나갔다. 정일형은 1950년 5월 30일 실시된 제2대 국회의원 선거에 야당 소속으로 출마했다. 이승만 정부가 주축인 여당과 반대편에 선 셈이었다.

그는 정부와 여당의 견제를 받으며 여러 면에서 어려움을 겪었다. 재력과 권력도 없는 상황이라 직접 유권자를 만나 설득하고 유세하는 게 유일한 방법이었다.

이때 가정주부이자 서울대 법대생인 이태영이 찬조 연설을 통해 남편의 선거운동에 나섰다.

"민족지사 정일형 후보를 국회로 보냅시다!"

그런데 연설이 채 끝나기도 전에 여기저기서 야유가 쏟아지기 시작했다.

"암탉이 울면 집안이 망한다!"

"여기가 어디라고 여자가 나서서 설쳐!"

당시에도 '부부가 길을 걸을 때 아내는 남편 뒤에 몇 발짝 떨어져 걸어야 한다'라는 사고방식이 남아있었다. 그런데 일부 사람들이 젊은 아내가 남편의 선거유세에 나서는 모습에 거부감을 느낀 것이다.

'아직도 그렇게 생각하는 사람들이 많다니…….'

그녀는 이화여전 재학 시절 '웅변대회'에서 들었던 야유를 떠올리고 주먹을 꽉 쥐었다.

"암탉이 울면 집안이 망하는 것이 아니라 알을 낳습니다. 암탉이 울어야 새벽이 옵니다!"

이날 유권자들 대다수는 '암탉이 울어야 새벽이 온다'는 이태영의 발언과 당당한 그녀의 행보를 신선하게 받아들였다.

정일형은 이후 경쟁자의 중상모략에도 자신의 정치적 입장과 포부를 알리는 데 집중했고, 결국 당선이라는 결과를 손에 쥐었다.

남편의 선거유세를 지원하는 모습 (뒷줄 중앙)

6.25 전쟁 발발 | 정일형이 국회에 진출한 지 한 달도 지나지 않았을 때였다. 6월 25일 새벽, 북한의 기습적인 남침으로 전쟁이 시작되었다.

"한강철교가 폭파된다고요? 확실해요?"

이태영은 공산군이 서울로 들어온다는 소식을 듣고 당황했다. 국회에 있던 정일형이 집으로 돌아와 가족을 안심시켰지만, 놀란 시어머니나 아이들은 빨리 피난을 떠나야 한다고 야단이었다.

"뭐하니 짐 안 챙기고! 어서 남쪽으로 도망가야지!"

"맞아요! 빨리 떠나요!"

"알았어요, 알았어. 그럼 일단 영등포까지만이라도 내려가죠."

성화에 못 이긴 정일형은 일단 지프에 가족들을 태우고 한강으로 향했다. 그러나 이미 제1한강 인도교 위는 피난을 나선 차들로 꽉 들어차 있었다. 이태영과 가족은 한 시간 넘게 기다려서 겨우 다리를 건널 수 있었다.

북한군은 국군을 남으로 밀고 내려올 무렵, 정부는 대전에서 임시국회를 소집했으나 뾰족한 대책을 찾지 못하고 있었다. 불안을 느낀 정일형은 가족들에게 전주 인근에 있는 지인의 집으로 가 있도록 했다.

그러나 이태영은 시골에 있으면 소식[27]을 빨리 듣기 어렵고 대책도 세울 수 없다고 생각하고 아이들과 대전으로 향했다. 그 직후 가족들은 전주 인근에 있던 사람들은 전쟁의 화마로 목숨을 잃었다는 안타까운 이야기를 듣게 되었다.

"대전도 위험할 것 같으니, 아예 부산으로 내려가는 게 좋겠소."

결국 이태영은 남편의 말을 듣고 가족들과 함께 부산을 향해 피난길에 올랐다.

그런데 국군이 전방에서 치열한 전투를 벌이는 동안, 이승만 대통령의 측근들은 갑자기 국회의원이자 대한통신사 사장 정일형을 찾아왔다. 당시 대한통신은 미국 UPI 통신과 특별계약을 체결

---

[27] 전쟁 직전 서울에서 자동차 수선공장을 운영하고 있던 큰 오빠 이태용이 이태영과 가족의 뒤를 따라오겠다고 했지만, 이후로 생사를 확인할 길이 없었다.

하고 있어 아주 중요한 언론기관으로 여겨졌다.

"대통령님을 지지하지 않겠다면 대한통신사 사장직을 내려놓으시오."

같은 시기, 부산에서는 무장공비를 소탕한다는 명목으로 계엄령이 선포되었다. 이승만 정부와 여당은 야당 의원들을 불법적으로 체포하고 무력으로 탄압하기 시작했다. 언제 북한군이 내려올지도 모르는 전시 상황에서 권력에 눈이 먼 이들이 벌인 부산 정치파동[28]이었다.

이태영은 남편이 이 사건에 휘말려 대한통신사 사장 자리를 내려놓자 가만히 두고만 있지 않았다. 자유민주주의 정신을 해치는 정권의 움직임에 '시위'로 반대하고 나선 것이다.

먼저 김활란 총장을 찾아가서 개헌을 막는 일에 동참해달라고 설득에 나섰다. 그러나 김 총장은 정권과 반목하는 일을 딱 잘라 거절했다. 독재 정권에 희생양이 된 사람들을 외면하는 스승에게 실망한 이태영은 폭발하고 말았다.

"정치인이 아니라서 동참할 수 없다고요? 죄 없는 사람들이 죽어가고 있는데, 너무 무책임하시네요!"

그 여파로 스승이 그녀를 위해 내놓은 커피잔과 케이크 접시가 테이블 아래로 쏟아져 엉망이 되어버렸다. 그녀는 그날의 무례한 행동을 오랜 시간 후회했다.

---

[28] 대통령 재선이 어렵다고 판단한 이승만 정부가 계엄령을 선포한 1952년 5월 25일부터 7월 7일 제1차 개정헌법 공포 때까지 전시 임시수도였던 부산에서 일어난 일련의 정치적 소요사건이다.

법조인이 되다 | 전쟁이 길어지던 1952년, 부산에서 제2회 고등고시가 치러진다는 소식이 들려왔다. 한 차례 시험에서 낙방했던 이태영은 한 번 더 시험을 보자 마음을 먹었다.

"어쩌면 이번이 마지막 기회일지도 몰라요. 그래서 도전해보고 싶어요."

남편과 시어머니는 당연히 그 결정에 찬성했다. 이태영은 바로 피난살이를 하던 비좁은 단칸방을 나와 온천장에 조용한 방을 얻었다. 사 남매의 얼굴이 수시로 눈앞에 맴돌았지만, 그녀는 굳게 마음을 먹고 시험공부에 몰두했다.

해가 뜨기 전 뒷산에 올라 찬물로 세수를 하고, 물을 한 대야 떠서 방에 들어가서 절대 나오지 않았다. 방 안에서는 수건에 물을 적셔서 머리에 얹고 머리를 식히는 일을 반복하며 공부를 이어갔고, 정신을 차리면 어느새 새벽녘이 되어 있었다.

이태영이 이런 생활을 하는 동안, 남편은 아내의 공부에 방해가 될까 봐 외부의 어수선한 정치 소식은 아주 사소한 일도 전하지 않았다. 사 남매도 '자기 일은 스스로 알아서' 하는 독립적인 아이들이었다.

'합격이다!'

부산을 중심으로 각종 신문과 잡지에 이태영의 합격을 전하는 기사가 실렸다. 가정주부로 고등고시에 합격한 최초의 여성, 삼십 대에 대학에 입학한 늦깎이 법학도라는 부분이 사람들의 관심을 끌었는데, 그때마다 남편인 정일형 의원의 이름이 나란히 거론되었다.

"합격을 축하합니다."

이날 이태영은 뜻밖의 축하를 받았다. 스승 김활란 총장이 이전에 껄끄러운 일이 있었음에도 300여 명이 넘는 법조계와 학계 등의 인사들을 초대해 축하파티를 열어준 것이다.

이뿐만 아니었다. 여성 언론인 황신덕 선생도 여성단체 면면들을 모아 축하회를 열어주었다. 선생은 그 자리에서 오래도록 이태영의 가슴을 울린 축사를 했다.

"이 땅의 5천 년 역사 이래 처음 나온 여성 변호사로서 법조계를 선도하는 막중한 책임과 사명감이 있습니다."

그러면서 남편 정일형에게는 '외조공로상'이라는 특별한 상을 수여했다.

"아내가 공부할 수 있도록 지원하여 5천 년 역사 이래 여성 변호사가 탄생하게끔 외조한 공로를 높이 사서 이 상을 수여합니다!"

여성판사는 시기상조 | 고등고시에 합격한 이태영은 직후 사법관시보[29] 생활을 시작했다. 그녀는 가장 먼저 자신이 법정에 선 모습을 보여주기 위해 시어머니를 모셨다. 시어머니는 법모를 쓰고 법복을 입은 며느리의 손을 꼭 잡고 대견스러워했다.

"네가 아침저녁 내 밥을 챙기고 식사 시중을 들지는 못했으나, 난 오늘 며느리가 우리 정씨 집안을 빛내는 것을 보았다. 그동안 못한 일을 불효로 생각하지 말고 큰 효도로 다 했다고 생각하여라."

[29] 과거 고등고시 사법과 합격자가 판사나 검사로 임명을 받기 전에 심판·검찰의 사무를 배우는 단계

판사 시무 당시

며느리의 눈에는 감사의 눈물이 고였다. 사실 법학 공부를 시작하면서 시어머니를 모시는 일에 소홀했던 부분이 늘 죄송한 마음이었는데, 시어머니의 한마디 한마디는 그녀에게 큰 위안이 되었다.

'실망하지 않으시도록 정신 똑바로 차리고 일을 제대로 해야 해.'

마음을 다잡은 이태영은 사법관 시보로서 한 무역상의 폭리사건을 맡게 되었다.

"내가 어떤 사람인지 아쇼?"

그런데 사건의 피의자는 그녀가 심문도 하기 전에 자신의 범죄 사실을 무용담처럼 술술 늘어놓기 시작했다.

'내가 검사라는 걸 모르는구나!'

성장 — Growth

1935~1939년		1941~1944년
▼ 전국학생웅변대회 1등 수상	▼ 평양고등성경학교 교사직 1936~37년	딸 정선숙 출생 1941년 6월
이화전문학교 가사과 수석 졸업	정명여자고등학교 교무주임 1938~40년	남편 투옥 생활 중 누비이불 장사
'정일형' 교수와 결혼	딸 정진숙 출생 1939년 12월	아들 정대철 출생 1944년 1월
일제강점기		중일전쟁 발발
		제2차 세계대전
		태평양전쟁

세상에 빛을 밝힌 인물 1

시치미를 뗀 이태영은 그의 말을 바탕으로 조서를 작성해서 서명하고 펜을 내밀었다. 그랬더니 순간 무역상의 낯빛이 바뀌며 반문했다.

"아니 검사도 없는데 무슨 조서를 꾸밉니까?"

"검사, 여기 있지 않습니까?"

역시나 이태영의 예상대로 무역상은 '여자 검사'가 있다고는 꿈에도 생각하지 못했고, 그녀를 서기나 사무원 정도로 생각한 것이다.

"아, 아니 잠시만요!"

뒤늦게 그녀가 검사 실습을 나온 시보라는 사실을 안 무역상은 조서를 고쳐달라고 애걸복걸을 했다.

"이 시보는 어느 쪽을 지원할 생각인가?"

"당연히 판사입니다."

1945~1947년	1950~1952년	1953년
이화여대 가사과 강사직 사표 제출	서울대 법대 졸업	변호사 사무실 개업
서울대 법대 입학 1946년	제2회 고등고시 사법과 합격	이화여대 법대 강사
딸 정미숙 출생 1947년 5월	가족법개정 운동	
8·15 광복	한국전쟁 부산행(피난)	휴전 휴전 협정

당시 사법관 시보를 거친 사람은 판사나 검사, 변호사 중 원하는 자리를 선택할 수 있었다. 이태영은 그중 판사에 지원해 그 발령을 기다리고 있었다.

"아직도 소식이 없어요?"

시보 동기들이 하나둘 원하는 자리로 가서 일을 시작한 시기, 6개월이 지나도 이태영의 임명만 깜깜무소식이었다. 그런데 알아보니 이승만 대통령이 '여자가 판사가 되는 건 아직은 시기상조'라며, 판사 임명을 거부했다는 것이다!

그녀는 치욕과 억울한 감정을 누르고 김병로 대법원장을 찾아가 항의했다. 상황이 난처해진 대법원장이 직접 대통령을 만나 설득을 시도했지만, 대통령은 '야당 국회의원의 아내를 판사로 임명하는 일은 위험을 자초하는 것'이라며 끝까지 생각을 바꾸지 않았다.

이태영은 처음엔 몹시 분개해 자신의 억울함을 알리고 싶었다. 그러나 정권의 압박을 받은 사회·법조계 인사들이 몸을 사리고 자신의 상황을 외면하자 마음을 달리했다.

'그래, 정권이 바뀌지 않는 한 내가 할 수 있는 일은 얼마 없어. 판사가 안 된다면 변호사가 되어 가난하고 억울한 사람들을 돕는 일을 하자.'

그렇게 그녀는 우리나라 최초의 여성 판사가 아닌, 우리나라 최초의 여성 변호사라는 길을 걷기 시작했다.

불평등한 인습에 맞서다 | 이태영이 사법관 시보로 있을 무렵이었다. 한 남성 검사가 법전편찬위원회에서 '남녀평등 사상에 입각한 법'을 만들자고 주장했다가 '환관'이라는 모욕적인 야유를 받은 사건이 있었다.

'뭐 잘못된 말이라고 저런 비난을 들어야 해?'

그때 이태영의 속은 부글부글 끓었다. 그녀는 가족법에서 '친족상속'과 '양육권'에 관한 부분은 꼭 바뀌어야 한다고 생각하고 있었다.

당시의 가족법에 따르면 남녀가 결혼하면 남편이 재산의 모든 권리를 갖게 되며, 결혼한 딸은 유산상속 권한을 잃고 오직 아들(장남)에게만 유산이 돌아갔다. 자녀를 보호하고 양육할 권리도 아버지가 가졌는데, 이러한 법은 누군가의 어머니이자 아내, 그리고 딸인 '여성'에게 아주 불리했다.

'그때는 나서지 못했지만, 지금은 할 수 있어.'

이태영은 변화를 위해 적극적으로 행동에 나섰다. 여러 여성단체를 찾아다니며 '가족법 개정'과 '여성운동'의 필요성을 알리기 시작한 것이다. 그러자 YWCA 연합회를 비롯한 대한여자국민당과 대한부인회, 여성문제연구소 등의 9개 단체가 그녀에게 힘을 실어주었다. 그리고 함께 진정서[30]을 써서 김병로[31] 대법원장을 찾아가 한 부를 전달하고 가족법 개정의 취지를 설명했다.

---

[30] 남성 중심의 호주제와 부부재산 제도 및 재산상속, 어머니만 제외된 친권 등을 개선하려는 내용이 담겨 있었고, 형법의 간통쌍벌제와 근로기준법에서의 여성의 지위 향상을 건의했다.
[31] 과거 이승만 대통령에게 이태영의 판사 임용을 건의하였으나 거절당했다.

그러나 김병로 대법원장은 굳은 표정으로 이태영을 향해 호통을 쳤다.

"내 생전에는 그 법의 한 글자도 고칠 수 없다! 천오백만 여성들이 불평 한마디 없이 다 잘 사는데, 법조계 초년생이 뭐라고 법을 고치라고 나서다니!"

오랜 세월 쌓여 굳은 고정관념을 무너뜨리긴 어려워 보였다. 이태영은 조용히 돌아서 나왔다. 그러나 이대로 물러서고 싶진 않았다.

그녀는 당시의 법무장관과 법제처장, 각 부처의 장관들과 국회의원들을 일일이 찾아다니면서 법 개정의 필요성을 피력했고, 강연회나 방송 등의 수단을 동원해서 여론에도 호소하기 시작했다. 그러나 그녀의 첫 시도는 '아들 없는 장관들만 말을 들어 주더라'는 뒷말만 남기고 별 소득 없이 끝나고 말았다.

그러나 포기를 모르는 이태영과 여성법률상담소 직원들은 1953년 4월부터 YWCA와 함께 가족법개정 운동을 펼쳐나갔고, 6월 말부터는 여러 여성단체와 합심하여 여성가족법개정 촉진회를 조직해 활동을 시작했다.

또 1953년부터 1956년 사이 법전편찬위원회가 작성하던 초안에 가족법개정이 반영될 수 있도록 분투하였지만, 사람들은 여전히 '가족법개정'의 가치와 의미에 관심을 두지 않았고 학교와 법조계는 물론 정치계의 강력한 반대에 부딪혔다.

도약 | Leap | : 40~50대

청중을 사로잡은 지원 유세 | 1954년 5월, 제3대 국회의원 선거 시기가 다가왔다. 정일형 국회의원은 다시 서울 중구 을구에 출마하고 선거유세를 시작했다.

다만 이번 선거는 이전과 비교해 입후보자들의 수준이 한결 높아져 경쟁도 치열했는데, 웬만큼 돈을 쓰지 않으면 선거운동 자체가 어려울 정도였다.

"돈 대신 다른 방법을 찾아야 해요."

세월과 경험을 통해 중년의 변호사로 거듭난 이태영은 노련한 언변으로 지역구를 종횡무진 누볐다. '여자가 너무 설친다'던가 '암탉 어쩌고' 하는 말들은 예전과 달리 들리지 않았다. 그동안 사람들의 인식도 많이 달려진 것이다.

"정일형 후보 아내가 변호사라며? 역시 여자도 배워야 해."

당시 이태영은 '한 명의 성공한 여성'으로서 뭇사람들의 부러움을 샀다. 그녀가 단정한 투피스를 입고 미소를 지으며 인사를 하면 표가 그대로 굴러들어온다는 말이 있을 정도였다.

그 덕분인지 정권과 경찰의 탄압으로 야당 인사가 연이어 낙마하던 서울에서 정일형 의원은 재선 성공이라는 승기를 잡았다.

그러나 당선의 기쁨을 만끽하던 1954년 12월의 어느 밤이었다. 이태영 부부의 집으로 헌병 복장의 남자들이 우르르 들이닥쳤다.

"여긴 법치국가인 대한민국이오! 한밤중에 영장도 없이 이렇게 들이닥치는 법이 어디 있소?"

정일형이 헌병들 앞을 가로막았지만, 그들은 '북한 김일성이 정일형 의원에게 편지를 보냈다는 정보를 받았다'면서 다짜고짜 온 집안을 뒤지기 시작했다.

"아니, 김일성이 왜 내게 편지를 보낸단 말이오?"

"여기 발견했습니다!"

정일형이 어리둥절해 있는데, 헌병 하나가 쌓아놓은 신문지 속에서 커다란 봉투를 꺼내 들었다.

당시 부부는 한국에 있는 신문은 모두 구독하고 있었는데, 그 종류가 너무 많아서 채 펼쳐보지도 않고 버릴 때가 있었다. 그런데 하필 그 신문 중 하나에서 '김일성의 편지[32]'가 발견된 것이다.

정일형은 가족들의 앞에서 체포되었고 헌병들의 심문을 받았다. 다행히 신문지를 펼친 자국이 없이 누명을 벗을 수 있었지만, 집으로 돌아온 그의 표정은 무척이나 어두웠다. 현 정권이 벌이는 모략들이 일제가 벌였던 모략과 고문을 떠올리게 한 것이다.

"그 모진 고문도 이겨냈잖아요. 곧 좋은 세상이 올 테니까 기운 내세요."

이태영도 남편과 마찬가지로 침통한 심정이었으나, 기색을 숨기고 따뜻한 미소로 남편을 위로하고 격려했다.

[32] 이승만 정권은 당시 유력한 야당 인사들의 집에 '북한 지도층이 보낸 편지' 같은 조작된 문서를 숨겨두고 체포하는 방식으로 정치적 이득을 얻으려 했다.

여성법률상담소 개소 | 이태영은 변호사 자격을 얻고 자신의 '집'에 변호사 사무실을 차렸다. 그녀는 처음에 찾아오는 사람이 별로 없을 거라고 예상했는데, 놀랍게도 문을 열자마자 문지방이 닳도록 많은 의뢰인이 찾아오기 시작했다.

남편에게 소박맞은 아내나 첩살이하던 여자처럼 그들 대부분이 가난하고 법을 몰라 억울한 일을 하소연조차 하지 못한 '여자'들이었다.

"변호사를 개업하니까 줄을 섰는데, 우는 여성만 줄줄이 섰는데, 돈 가지고 와서 변호사 해달라고 해야 하지 않겠어요? 그런데 내가 돈을 줘야 되고, 우리 집에다 사무소를 열었는데, 안방, 건넌방, 마루방 우는 여자만 하루 종일 앉아 있으니까 점심 먹여야 되고, 저녁 먹어야 되고, 갈 때 전차표 사줘야 하고, 이런 불쌍한 여자만 계속해 오니까, 내가 그땐 아찔해 오더라고[33]……."

이태영은 그들의 딱하고 안타까운 처지를 들어주다가 함께 분개하고 눈물을 쏟고는 했다. 그리고 그 과정에서 법과 법률상담을 모르는 여성들을 위해서 법률구조기관[34]을 만들어야겠다는 생각을 굳혔다.

그녀는 사회 각계각층에서 활약하고 있는 여성들과 여성단체를

---

[33] 여성법률상담소 개소와 관련한 이태영 박사의 인터뷰 내용
[34] 경제적으로 어렵거나 법을 잘 몰라 법의 보호를 충분히 받지 못하는 사람들을 위해 설립되는 기관. 법률상담이나 무료 소송대리 등의 법률구조서비스를 제공

찾아다니며 법률상담소의 필요성을 설명하고 협조를 요청했지만, 돌아오는 반응은 냉랭했다. 오직 여성문제연구원과 원장 황신덕 선생만이 그녀의 생각에 공감하고 도움을 주고자 했다.

그들은 머리를 맞대 '여성법률상담소'라는 명칭을 정하고, 여성문제연구원 회관 한 칸에 상담소 자리를 마련했다. 그리고 1956년 8월 25일 개소식을 열어 우리나라 최초의 여성법률상담소의 시작을 알렸다.

"여자변호사가 사건의뢰가 없을까 봐 여성상담소를 차린 거 아니야?"

당시 남자 변호사들이 아무렇지 않게 했던 말들은 이태영의 마음을 쓰리게 했다. 어려운 처지의 여성들을 도와줄 수 있는 능력과 여력을 지닌 사람들이 외면할 때는 더더욱 가슴이 아팠다.

상담보다 실질적인 도움을 원하는 여성들도 많았지만, 대부분 법을 몰라 '때'를 놓친 경우가 많았다. 가부장적이고 봉건적인 사고방식과 시대적 분위기, 불평등한 법이 여성의 지위를 한없이 낮추어놨기 때문이었다.

그런데 상담소가 문을 열고 일주일이 지날 무렵, 경상북도 문경에서 날아온 편지 한 통을 시작으로 전국 각지에서 상담편지가 보내졌다. 상담소는 이를 기점으로 편지 상담과 전화 상담으로 영역을 확장해 나갔다.

가정법률상담소 직원들과 함께 (왼쪽에서 세 번째)

가정법률상담소 순회상담 당시의 모습

1957년부터는 잡지 <여원>, <신여성>, <새가정> 등을 통해 지면 상담도 시작했고, 다음 해에는 상담소 개소 2주년을 기념한 '백문백답 여성법률상담실기'라는 책자를 발행했다. 특히 잡지의 지면 상담은 접근성이 쉬워 법률에 대한 지식이 부족한 여성들의 인식 변화에 영향을 주었고, 이태영이 직접 라디오방송에 나가 법률상담을 하면서 사람들의 생각을 바꿔나갔다.

1966년 8월, 여성법률상담소는 가정법률상담소로 명칭을 바꾸고 여성뿐만 아니라 남성 피해자들도 구제하는 활동을 하기 시작했다.

이태영은 가족법 관련 상담과 이혼상담, 가정폭력피해자 구제에서 남자와 여자를 나누지 않고 '모두의 권익을 위한' 인권운동을 펼쳐나갔다.

또한 가정법률상담소 내에 교육원을 설립하고 첫 교육사업도 시작했다. 시민에게 공개하는 강좌를 열어 '어머니 학교', '며느리 학교', '할머니 할아버지 학교'와 같은 사회교육의 장을 만든 것이다.

계속되는 노력 | 1957년 8월, 미^{美} 국무성 초청으로 미국으로 향한 이태영은 약 6개월간 미 남감리교 법과대학 대학원에서 미국법 연수 과정을 밟았다.

그녀는 2개월의 현장실습과 인턴과정을 통해 미국 전역의 법률상담소와 가정법원을 돌아봤고, 미국의 사법제도와 법률상담사업 전반을 파악할 수 있었다. 특히 미국 시민의 민주적 의식과 준법정신에서 배울 점을 찾는 한편, 여성판사가 재판을 진행하는 과정을 지켜보며 깊은 인상을 받았다.

'저 판사도 집에 돌아가면 나와 똑같은 가정주부로 생활하겠지. 미국인도 하는데 한국인이라고 못할까.'

그녀의 몸은 미국 땅에 있었지만, 마음 한구석은 언제나 가족법개정을 향한 의지로 가득했다. 당시는 남편 정일형 의원이 아내에게 도움을 주기 위해 '친족상속법 개정안'을 국회에 제출된 상황이었다.

"네? 개정이 힘들지도 모른다고요?"

불안한 소식을 듣고 국내 사정을 알아보던 그녀는 고민 끝에 '미국의 소리'라는 방송국을 찾았다. 그리고 방송을 통해 남편에게 편지를 보냈다.

"정일형 의원님, 제가 당신을 위해 열심히 선거운동을 한 것은 당신이 내 남편이기 때문만은 아닙니다. 인간의 평등사상에 따라 남녀평등을 실현해줄 분이라고 믿었기 때문입니다. 이 기회에 저와 여성 유권자들에게 진 빚을 갚아주십시오. 이 법이 통과되지 않으면 저는 다음 선거운동에 동참하지 않겠습니다."

그녀는 또 국회의원들을 향해서는 이렇게 말했다.

"이번 개정안에 반대하는 국회의원 명단을 기록해두었다가 다음 선거에 여성 유권자들이 선거운동에 영향을 미치도록 하겠습니다. 역사의 눈, 그리고 인류의 절반, 유권자의 절반인 여성의 눈이 여러분을 지켜보고 있습니다."

그렇게 개정안[35]은 이태영과 여성단체들의 협력으로 국회를 통과했다.

'이제 시작이야. 하나하나씩 바꿔나가자.'

이태영은 귀국해서 가정과 소년에 관한 사건을 전문적으로 다루는 법원이 없는 국내 실정부터 파악했으며, 가정법원 설치를 제안하고 설립도 도왔다.

이후로도 미국에서의 경험과 지식은 한국 사회와 법제사에 크고 작은 영향을 주었다.

---

[35] 개정된 부분은 크게 이혼 사유에서의 남녀평등, 분가의 자유, 여성의 유산상속 권한, 아내의 무능력제도 폐지 등이었다.

가족법개정을 위한 노력들

군사 쿠데타와 연금생활 | 1961년 5·16 군사 쿠데타[36]가 벌어지고 이틀이 지났을 때였다. 겨우 몸을 피한 외무장관 정일형을 포함한 각료들은 대통령 윤보선으로부터 신변을 보장하겠으니 국무회의에 참석하라는 전화를 받았다.

그러나 이어진 상황은 약속과 달랐다. 장면 총리와 각료들은 국무회의 직후 사표 제출을 강요받는 동시에, 투옥 생활이나 6개월간의 가택연금 생활을 해야 했다.

그때 정일형은 '공산당에 30만 환을 넘겼다'는 혐의와 함께 가택 수색을 받았다. 얼마 전 거창사건[37]으로 억울하게 희생된 사람들의 자녀를 돕자는 의미로 구호금을 냈었는데, 그 일을 가지고 누명을 씌운 것이었다. 그런데 보름이 넘도록 수사를 이어가도 아무런 증거로 찾지 못하자 이번엔 부정축재자[38]로 몰아세웠다.

기막힌 일은 여기서 끝이 아니었다. 정부가 정치활동정화법[39]을 제정해 정권에 반하는 정치인들의 활동을 막아버린 것이다.

정일형 역시 모든 외부활동이 금지되고 집에 연금을 당했는데, 책을 읽거나 자서전 원고를 정리하며 시간을 보냈다. 이태영은 묵묵히 남편과 가족의 곁을 지키며 독재 정권을 향한 울분을 달랬다.

---

[36] 박정희를 중심으로 대한민국 육군 장교들이 무력으로 정권을 장악한 사건
[37] 1951년 2월 경상남도 거창군 신원면에서 국군 제11사단 소속 군인들이 인민군 토벌을 이유로 마을 주민을 집단학살한 사건이다.
[38] 정당하지 못한 방법으로 재산을 모은 사람을 말한다.
[39] 박정희 정권은 1962년 3월 16일 반대세력의 정치활동을 제한하여 우호세력의 정치 권력을 키우기 위한 법령을 제정 공포했다.

그런데 부부의 인내가 하늘에 닿았던 걸까.

어느 연회에서 박정희 대통령을 만난 알레그라도 필리핀 대사가 '필리핀 정부가 최고훈장을 수여'한 전 외무장관 정일형의 연금을 언급한 일이 있었다. 박정희 대통령은 바로 사실을 확인했는데, 모든 혐의가 없다는 보고를 받은 후에 정일형의 연금을 풀어주었다.

이화여대 법정대학장 | 1963년 3월 초, 이화여자대학교의 김옥길 총장이 이태영의 사무실에 찾아왔다.

"처음 이화여대에 법정대학을 만들었을 때는 우수한 입학생들이 많았는데, 갈수록 학생들이 관심이 줄어들고 있어요."

법정대학의 목표는 고등고시의 합격이었지만, 이화여대에서는 지난 10년 동안 단 한 명의 합격생도 나오지 않은 것이다.

김 총장은 존폐 위기에 놓인 법정대학을 살리기 위해 이태영에게 이화여대 법정대학 학장직을 맡아달라고 요청했다. 가정주부 법학도이자 합격자였던 그녀의 존재 자체가 학생들에게 좋은 자극이 될 수 있다고 생각했다.

"아무것도 안 해도 좋으니 얼굴만 내밀어 주세요. 그저 복도를 왔다 갔다 하기만 해도 됩니다."

그러나 당시는 가정법률상담소를 설립한 지 7년이 되어 본격적으로 상담소를 키워나가려고 할 때였다. 또 새로 설치되는 가정법원의 일도 있어 이태영에게는 한눈을 팔 시간이 없었다.

"한 번만 더 생각해주세요."

그러나 김 총장은 이태영의 거절에도 상담소와 법정대학 두 가지를 병행해도 좋다면서 간곡히 부탁했다.

"알겠습니다. 대신 4년 동안만이에요."

이태영은 결국 생각을 바꿔 학장직을 맡았는데, '아무것도 안 해도 좋으니 얼굴만 내밀어 달라'는 김 총장의 말처럼 할 수는 없었다. 법률상담소와 법정대학을 연계해 법률상담요원 양성과 법률임상교육을 실시하기 시작한 것이다. 그 결과 법률상담소는 학생들의 좋은 실습 기관이 되었으며, 그렇게 육성한 요원들은 또 상담소 사업 발전에 큰 영향을 주었다.

또 그녀가 학장을 맡은 이화여대에서는 법학박사, 정치학박사, 경제학박사가 연이어 나왔으며, 고시 합격자도 배출되었다.

당시 이태영은 50대에 접어들고 있었지만, 잠시도 자신의 성장과 발전을 멈추지 않았다. 일과 가정을 돌보는 분주한 나날에도 밤새 논문을 준비해서 서울대 법학박사 학위를 땄다. 법학 석사 과정을 마친 지 근 십여 년 만이었다.

대통령 선거 찬조 연설 | 1970년의 어느 날, 대통령 선거를 앞두고 신민당의 전당대회가 열렸다. 제1차 투표에서 대통령 후보로 김영삼 후보가 가장 많은 표를 얻었지만, 2차 투표에서 김대중 후보가 역전승을 거뒀다.

당시 김대중 후보의 지지자였던 정일형 의원은 신민당 선거대책본부장이란 직책(선거 총책임자)을 맡아 바쁜 시간을 보내게 되었고, 이태영은 그런 남편을 도울 수 없어 늘 미안한 마음을 갖고 있었다.

"불이야!"

1971년 2월 5일 자정을 지날 무렵, 이태영의 집 아래채가 느닷없이 시뻘건 불길에 휩싸였다. 그곳에서 잠을 자던 비서와 사환들은 다행히 화마에서 빠져나왔지만, 집 한 채가 고스란히 불타며 안에 있던 물건 전부가 재로 변하고 말았다. 학교 졸업장이나 박사학위증은 어쩔 수 없다고 쳐도, 고등고시 합격 이후부터 20년간 모아온 '한국 여성 운동사'의 자료와 작성 중이던 원고마저 송두리째 타버린 것이다.

"개가 불쏘시개를 물어다가 아궁이 뚜껑 위에 둬서 불이 났답니다."

"범인은 집에서 키우던 고양이였답니다."

사람들은 각자 앞뒤가 안 맞는 추측을 했고, 또 누군가는 재선을 노리는 박정희 정권이 눈엣가시를 제거하려 벌인 일이 아니냐는 의심도 했다.

정일형 의원이 선거대책본부장으로서 미국으로 가기 직전, 신민당의 김대중 후보가 이태영을 찾아와 한 가지 부탁을 했다.

"선거유세에 참여해줄 수 있습니까?"

이태영은 김 후보의 부탁을 완곡히 거절했다. 그는 이후에도 여러 차례 선거 활동을 도와달라고 설득했고, 그녀는 번번이 갈등했다. 한 명의 교육받은 여성으로서 국가를 위해 일할 수 있다면 좋겠지만, 남편의 뒷바라지도 힘든 상황에서 대통령 선거를 돕는 다는 건 쉬운 일이 아니었기 때문이다.

한참을 고민하던 이태영은 결국 이화여대에 사표를 제출하고 법정대학 학장직에서 내려왔다. 그리고 김대중 후보의 첫 유세가 있던 전주로 가서 지지를 모으기 위한 연설에 나섰다. 수많은 청중 앞에 선 그녀는 그들의 눈에서 '민주주의에 대한 열망'을 보고 긴장을 풀었다.

'사람들도 나와 같은 것을 원하는구나.'

그때부터 그녀는 전국 방방곡곡을 돌아다니는 강행군에도 지치지 않았고, 서울 장충단 공원의 유세에서는 박정희 정권을 향해 날카로운 연설로 엄청난 박수와 환호를 받았다.

"저는 박정희 씨에게 묻고 싶습니다. 국토방위에 전념하는 모든 장병의 승낙을 받아 군사 쿠데타를 했습니까? 도대체 누구의 승낙을 얻어 민주정권을 도둑질했습니까?"

도약 — Leap

1954~1957년	1959~1962년	1963년 이후
남편의 국회의원 선거유세 동참	미 국무성 초청 미국사법제도 시찰	이화여대 법정대 학장 취임
서울대 사법대학원 입학과 졸업	미 남감리교대학 대학원 법학 공부 6개월	이화여대와 상담소의 자매결연
여성법률상담소 개소	국내 가정법원 설치 제안	법률임상교육 시작
	미국 연수	
	4·19 혁명 5·16 군사 쿠데타	
		박정희 정부

김대중 후보 선거유세를 지원하는 모습

사람들은 이태영이 정권으로부터 보복을 당할지도 모른다는 걱정을 했지만, 다행히 아무 일 없이 대선일을 맞게 되었다.

"패배했습니다……."

선거 결과는 아쉬웠다. 민주주의를 향한 노력과 열망에도 불구하고, 90여만 표의 차이로 김대중 후보가 낙선하고 만 것이다.

1971~1973년

이화여대 법정대학장
사임

김대중 대통령 후보
선거유세 지원

세계 각지의 법률 관련
대회와 회의에 참석

미 국무성 초청
각주의 법률구조사업 등을 시찰

김대중 납치사건 발생

그러나 국회의원 선거를 앞둔 정일형은 김대중 후보의 낙선에 실망할 겨를이 없었다. 정일형이 다시 유세를 시작하자 이태영은 남편과 당을 지원하기 위해 거리로 나섰다. 그녀의 목소리는 다시 사람들의 마음을 움직였고, 정일형 의원은 의정 사상 최초의 7선 의원으로 당선이 되었다.

'하지만 앞으로가 걱정이야…….'

그러나 이태영은 마냥 기뻐하지 못했다. 어렵게 승리를 거둔 박정희 정권이 다음 재선을 위해 위협적인 경쟁자인 김대중과 그 지지자들을 향해 칼날을 겨눌 거라고 예감했기 때문이다.

김대중 납치사건에 놀라다 | 8월 13일 밤 11시 30분경, 모두가 잠든 시간이었다. 이태영의 집안에 시끄러운 전화벨 소리가 울렸다.

"이태영 선생님, 저 김대중이 살아왔습니다."

놀라 달려나간 이태영은 김대중의 모습을 보고 충격을 받았다. 그는 의사에게 팔목과 발목의 상처를 치료받고 있었는데, 무언가에 묶여서 생긴 상처 같았다.

"일본 파레스 호텔에서 정체 모를 사람들에게 잡혀 바다로 끌려갔습니다. 바다 한가운데서 수장을 당하기 직전이었는데 하늘에서 미군 헬리콥터가 나타나 구사일생으로 목숨을 건졌습니다. 그 후에는 눈이 가려진 채 동교동의 한 골목에 버려졌죠."

"맙소사……."

그의 이야기를 들은 이태영은 말을 잇지 못했다. 민주주의 사회에서는 결코 일어날 수도, 아니 일어나서는 안 되는 일인데, 납치를 당한 당사자는 이제 기약 없이 집에 갇혀있는 상황이었다.

"이 일은 오래 숨길 수 없을 겁니다."

그녀의 예상대로 '김대중 납치사건'은 세상에 알려져 정국을 뒤흔들었다. 국내외 언론들은 이 사건을 대서특필했는데, 납치 장소가 일본이라는 사실 때문에 한국과 일본의 외교 문제로까지 번졌다.

"누가 한 짓인지 뻔하지 않습니까."

가을 정기국회에서 '외교 문제' 발언자로 연단에 오른 정일형 의원의 폭탄 발언으로 의사당 안은 아수라장이 되었다. 그가 발언하는 동안 열두 번 넘게 마이크가 끊기는 건 예사, 여당 의원들이 온갖 폭언을 쏟아내며 연단으로 뛰어 올라왔다.

정일형 의원은 그들의 격한 몸싸움에 휩쓸려 장 출혈이 일어나 쓰러지고 말았다. 그런데 박정희 정권은 그가 생사를 오가고 있다는 사실은 조금도 신경 쓰지 않고, 작은 티끌이라도 잡기 위해 출국을 금지하고 재산·세무조사를 벌였다.

이태영은 자신과 남편을 향한 군사정권의 폭압이 심해질수록 더더욱 인권과 민주주의를 향한 의지를 불태웠다. 민주주의를 지킬 기회만 있다면 주저 없이 달려가 싸울 각오였다.

성과 | Result | : 60대~영면

3·1 민주구국선언 | 어느 날 이태영의 남편 정일형은 김대중을 만나 '민주구국선언'에 대한 이야기를 들었다. 소수의 민주 인사들을 모아 삼일절을 기념하는 자리를 갖자는 제의였다. 김대중은 이태영에게도 여성대표로 참여해 달라고 요청했지만, 그녀는 필생의 사업인 여성백인회관 건물을 짓기 시작한 시점이라 정중히 거절의 의사를 밝혔다. 자칫 구속이라도 된다면 공사가 중단되는 건 물론 앞으로의 행보에 차질이 생길 수도 있었다.

역시나 1976년 3월 1일 저녁 명동성당을 찾아 구국선언문에 관여한 인사들이 대거 체포되는 일[40]이 벌어졌다. 이태영과 정일형 역시 나란히 불구속으로 기소를 당했고, 두 달이 지나 3·1 민주구국선언의 제1심 재판장에 섰다. 당시 그녀는 법정 피고인석에 줄지어 서 있는 면면을 보고 놀라지 않을 수 없었다. 윤보선, 김대중, 문익환, 이우정…….

'성당미사시간에 성명서 한 장 낭독한 일을 두고 국가전복에 민중봉기선동 혐의라니…….'

반면 이태영의 혐의는 조금 애매했다. 구국선언문 작성에 관여하였으나 결정적으로 서명을 하지 않아 논란의 쟁점이 된 것이다.

"법률적으로는 안 했고, 양심적으로는 했습니다."

그녀는 검사의 끈질긴 추궁을 받으면서도 매번 당당하게 답했다.

[40] 3·1 민주구국선언

그러나 1년여간 이어진 재판에서 관련자 전원은 '유죄'라는 판결을 받았고, 이태영과 정일형 부부는 징역 3년과 자격정지 3년을 받고 말았다. 정일형은 국회의원직을 박탈당했으며, 이태영 역시 변호사 자격[41]을 잃었다. 또 대학의 강의 일과 기관의 이사직, 재판소 조정위원 등의 역할도 빼앗겼다.

'개탄스럽고 또 개탄스럽구나.'

이태영은 변호사 자격을 잃은 일보다 정부의 꼭두각시가 되어 법의 원칙을 훼손하는 대법원 판사들의 모습에 더욱 분개했다.

막사이사이상 수상 | 이태영이 변호사 자격증을 잃기 전인 1975년 초여름, 필리핀 수도 마닐라에서 막사이사이상(사회지도 부문) 수상자가 발표되었다. 바로 여성의 인권향상을 위해 국내외에서 활발한 활동을 해온 이태영이었다.

"이태영 변호사는 1956년부터 가정법률상담소를 통해 가난하고 어려운 여성들을 도와 무료로 법률상담을 했습니다."

1975년 8월 31일, 이태영은 필리핀 마닐라 시상식에 참석해 상을 받았고 다음과 같은 소감을 영어로 전했다.

"저는 막사이사이상 수상을 큰 영광으로 생각합니다. 왜냐면 필리핀의 민주 영웅이신 고 막사이사이 대통령은 아시아 지도자와 국민으로부터, 그리고 자유 세계 전체에 걸쳐 매우 존경받는 인물이기 때문입니다. 저는 이 영광을 제 가족뿐만 아니라 한국의

---

[41] 이태영의 변호사 자격은 3년 뒤인 1980년에 다시 복권되었다.

모든 여성들과 함께 나누고 싶습니다.

그 이유는 30년 전 한국이 해방된 이래 유교의 전통적 체제와 관습에 묶여있었던 한국 여성들이 헌신적 노력과 탁월한 능력으로 이 낡은 쇠사슬을 끊어내고 여성 지위를 향상한 성과를 높이 평가해야 마땅하기 때문입니다.

저는 단지 이들 중의 한 사람일 뿐이고, 이들과 함께 일해 왔을 뿐이며, 이들과 함께 문제를 토론하고, 이들과 함께 궁리하고 알아보며, 이들을 위해 심부름을 했을 뿐입니다. 그리하여 저는 이 영광된 상은 진실로 모든 한국 여성에게 돌아가야 하며, 나는 이들의 대표로 이들을 대신하여 상을 받으러 왔을 뿐이라는 것을 밝히고 싶습니다. (…중략…)

남자가 제일이라는 생각에 젖어있는 유교 사회에서 저는 여성으로서는 처음으로 변호사가 되었지만, 제 소명이 무엇인가를 깨달은 뒤 직업변호사의 일은 그만두고 법률상담소를 차렸습니다. 그러나 상담소가 하는 일은 조개껍질로 강물을 퍼내는 일처럼 덧없이 느껴질 때가 한두 번이 아니었습니다. 근본적으로 법이 여성들을 차별할 때, 이 법 테두리 안에서 여성들을 돕는 일이 큰 성과가 있을 리가 없습니다. 그래서 악법을 고치고 없애는 일에 몰두했습니다. 이런 노력의 표현이 가정법원의 설치와 가족법개정 운동으로 나타났습니다.

올해는 여성의 해입니다. 더 많은 여성을 도울 수 있도록 법률상담소 건물을 번듯하게 짓기 위해 한층 바쁘게 돌아다니고 있습니다. 이 영광된 상은 한국 여성을 위해 더욱 힘껏 봉사하라는 격려와 책임을 안겨주었습니다. (…하략)"

그녀의 소감처럼 상을 받은 1975년은 국제연합^{UN}이 '세계여성의 해'라고 지정한 해여서 모두에게 더 뜻깊고 영광스러웠다.

라몬 막사이사이상 수상 당시

여성백인회관 건립 | 이태영의 가정법률상담소는 매년 발전을 이루면서도, 재정 부족으로 이사를 해야 하는 위기를 겪기도 했다. 이사 때마다 직원들도 고생했지만, 문제는 상담자들이 새로 이사한 장소를 찾아오느라 불편을 겪는다는 사실이었다.

"상담소를 안정적으로 운영하려면 우리의 건물이 있어야 할 것 같아요."

그렇게 이태영은 사단법인 **백인회**를 구성하고, 작은 회관이라도 장만하자는 취지로 모금 운동을 벌여 약 2천만 원의 회비를 모았다. 그리고 1973년 여의도에 있는 땅 250평을 확보했다.

'문제는 건물을 지을 돈이구나…….'

이태영은 미국으로 다녀오는 일정 중에 한인회를 접촉했다. 그녀는 미국의 한인 여성들에게 상담소 건물의 건립 취지를 설명하고 도움을 청했고, 덕분에 2년간 모금으로 조금씩 자금이 모이기 시작했다.

그런데 이태영의 손에 막사이사이상 수상으로 받은 일만 불의 상금이 떨어진 것이다! 그녀의 계획과 꿈은 순식간에 부풀었다.

'이 기회에 여성들을 위한 회관을 짓는 건 어떨까?'

그런데 계획이 바뀌자 비용도 몇 배로 올라갔다. 상금으로도 억대의 비용을 충당하기 어려울 정도였다. 설상가상 이태영은 민주구국선언으로 재판을 받기 시작할 때는 그녀의 활동을 외면하는 사람들이 생기기 시작했다.

이태영은 결국 정권의 손이 닿지 않는 미국에서 한인 여성들을 상대로 모금 운동을 재개했다.

"행복을 나누어 가집시다. 1년에 25불을 내면 조국의 불행한 여성을 1년에 12명씩 도와줄 수 있습니다."

한국과 미국에서 발이 부르트도록 뛰어다닌 결과, 이태영은 1976년 5월 10일 '여성백인회관'의 기공식 날을 맞이했다. 총공사비 대략 2억여 원, 전체 지상 6층에서 지하 1층부터 지상 6층까지의 건물 내부에는 20개의 가정법률상담

여성백인회관 앞에서

소를 비롯하여 막사이사이 기념회의실과 여성도서관, 여성 기업인 사무실 등이 갖춰질 예정이었다.

그렇게 1977년의 따뜻한 봄날, 억울한 사연이 있는 여성이라면 누구나 찾아갈 수 있는 여성백인회관이 정식으로 문을 열었다.

영원한 동반자를 잃다 | 정일형이 실형 선고로 국회의원직을 상실한 직후, 그의 지역구였던 서울 중구에서는 국회의원 보궐선거를 앞두고 여당과 야당 후보들 간에 신경전이 이어지고 있었다.

여당 후보에게 지역구를 빼앗길 수 없었던 야당 측 의원들은 정일형과 이태영 부부에게 아들인 정대철의 입후보를 제의했는데, 부부의 반응이 부정적이자 미국 미주리대학에서 박사학위를 위해 논문을 쓰고 있던 아들에게 직접 전화를 걸어 설득했다.

"우리 몰래 선거 입후보 등록을 했다고?"

정일형은 측근들이 아들이 선거에 출마하도록 등을 떠민 사실에 화를 냈고, 아들에게는 사퇴를 종용하기까지 했다. 자신이 겪은 힘든 일들을 아들이 겪게 될까 염려했기 때문이다.

그러나 아들 정대철의 뜻이 너무도 확고했다.

"떨어져서 죽는 한이 있더라도 우리나라 정치 1번지 종로 중구에서 정정당당하게 심판을 받겠습니다."

그는 어려운 상황에서 아버지의 뒤를 따르겠다는 일념으로 선거에 뛰어들었고, 33세의 젊은 나이에 선거에 당선되어 국회 진출에 성공했다.

"뇌혈전증입니다."

아들에게 정치 인생을 맡긴 시기, 정일형의 건강은 나날이 안 좋아졌다. 과거 국회에서 격렬한 몸싸움으로 얻은 장 출혈이 원인이 되어 병이 깊어진 것이다. 그간 좋지 않은 몸으로 여러 병원을 오고 간 그는 사랑하는 아내와의 이별을 직감했다.

"나 따라왔다가 고생만 하여 세상 다 보낸 사람이지요."

그리고 그의 예감처럼 1982년 4월 23일, 아내에게 마지막 말을 남긴 그는 78세의 나이로 숨을 거두었다. 두 사람이 만난 지 46년 만의 이별이었다.

생전 정일형은 언젠가 아내에게 이런 말을 했었다.

"다시 태어나면 신부가 되고 싶소."

이태영은 '다시 태어나도 결혼하자'는 부부의 약속을 떠올리고 의아하게 생각했다. 그런데 남편의 무덤 앞에 서자 그 말의 의미를 알 것 같은 기분이 들었다.

"걱정하지 마세요. 나는 다시 태어나면 수녀가 될 테니, 당신은 마음 푹 놓고 좋은 신부님으로 다시 탄생하세요."

그렇게 하늘의 남편에게 전언을 남긴 이태영은 일상으로 돌아갔지만, 3년간 상복을 벗지 않고 남편을 기렸다.

미국에서의 활동 | 6개월의 미국 연수 이후, 이태영은 자주 미국에 방문해 머무르며 여러 사람과 교류를 이어나갔다.

특히 일요일에 교회를 찾아 예배를 드린 뒤 교회에서 만난 여성들을 대상으로 상담을 했다. 이태영은 그 자리에서 해결할 수 없거나 시간이 부족하다고 여겨지면 자료를 한국으로까지 가져가서 해결책을 찾고는 했다.

"이태영 변호사님께 편지를 보내보세요."

누구에게든 진심으로 대하고 행동하는 모습은 동포 사회에 진한 울림을 주었고, 언제부터인가 독일 등 한인이 사는 곳이라면 어디든 상담편지가 날아오기 시작했다. 낯선 타국으로 이민해 말이 잘 통하지 않는 상황에서 부부간의 불화로 고통을 받는 한인 여성들이 대부분이었다.

그들 중에는 '아메리칸 드림'으로 미국인 남편을 따라왔다가 적응하지 못하고 정신질환을 얻은 여성이나 남편의 폭행으로 병원 신세를 진 여성도 있었다. 또 남편으로부터 강제로 이혼을 당하고 홀로 어렵게 살아가는 여성들도 많았다.

'여기야 말로 여성상담소가 절실하게 필요해. 말도 통하지 않는 타국에서 어떻게 법률상담을 하고 변호사를 선임할 수가 있겠어.'

당시에는 미국인과의 국제결혼이 매달 3백 쌍 정도였는데, 그중 80%가 이혼한다는 통계가 있었다. 그만큼 낯선 타국에서의 생활이 쉽지 않다는 의미였다.

이태영은 이날부터 미국에 갈 때마다 사람들에게 한인 가정의 어려운 상황을 설명하고 가정상담소의 필요성을 알리려 노력했다.

"나의 1달러로 고통받는 동포와 이웃을 도웁시다!"

한인 사회는 그녀의 호소와 모금 운동에 응답했고, 1983년 1월

시카고에서 첫 번째 상담소가 문을 열었다. 뒤이어 콜로라도의 덴버와 스프링스, 텍사스의 킬린, 로스앤젤레스 등지에서도 상담소가 설치되었고, 1985년 5월에는 워싱턴 D.C 지부가 문을 열었다.

테레사 수녀를 만나다 | 이태영은 살면서 인도에 가고 싶다는 생각을 많이 했다. 살아생전 한 번이라도 좋으니 테레사 수녀[42]를 만나보고 싶다는 게 이유였다. 수녀를 만나면 '그 훌륭한 여성의 발아래 무릎을 꿇고 거룩한 성녀의 손등에 입을 맞추겠다'는 놀라운 다짐도 했었다.

그러던 1984년의 어느 날, 일흔의 나이에 거짓말처럼 그 소원을 이룰 기회가 생겼다. 인도 봄베이에서 국제변호사회 아시아지역대회 개최에 함께 제1회 국제법률봉사상을 받게 된 것이다.

물론 이태영은 봉사상을 받기 위해 고된 여행길에 오르고 싶진 않았다. 하지만 '테레사 수녀'를 만날 수 있다는 말에 귀가 쫑긋했다.

"테레사 수녀님이 봄베이에 도착하셨답니다."

회의 이틀째, 이태영은 연락을 받자마자 수녀원으로 달려갔다. 그리고 테레사 수녀를 마주하자마자 흙바닥에 무릎을 꿇고 수녀의 손등에 입을 맞췄다.

"어서 일어나세요! 나는 하느님이 아니에요!"

테레사 수녀는 펄쩍 뛰며 만류했지만, 이태영의 눈에는 그녀의

---

[42] 두 사람은 '세계를 변화시킨 6명의 위대한 여성들'이란 타이틀에 나란히 이름을 올린 적이 있고, 이태영이 막사이사이상을 받기 몇 년 전 수상자가 바로 테레사 수녀였다.

주름지고 거친 피부와 허름한 수녀복, 맨발에 신은 가죽 샌들까지 성스럽게 느껴졌다.

이날 이태영은 테레사 수녀와 함께 행려병자 수용소를 둘러봤고, "내 나이가 오십만 되도 여기 눌러앉아 함께 일하고 싶다"며 감격했다.

그러자 수녀는 이렇게 화답했다.

"당신 같은 사람이 나와 일해야 합니다."

테레사 수녀와 함께

결실을 맺은 가족법개정 | 이태영의 가족법개정을 향한 노력은 길고도 험한 파도를 맞으며 계속되었지만, 사람들의 무관심과 편견은 여전했다.

1984년 10월, 이태영은 새롭게 정비한 가족법개정 법안을 들고 의원 서명을 받기 위해 의원회관을 찾았을 때였다. 대부분이 냉담한 반응을 보였고, 펜을 잡고 서명을 해준 의원은 단 다섯 명이었다.

"어떻게 여성 의원 중에서 서명한 사람이 단 한 명도 없을 수 있지?"

이태영은 여성 의원들조차 개정에 찬성하지 않는다는 사실에 말로 다 할 수 없는 참담함을 느꼈다.

"모두 민법개정에 관심이 없고, 전 국민의 80%가 가족법개정에 반대한다는 통계가 있습니다. 가족법개정은 시기상조 아닐까요?"

성과 — Result	1975~1976년	1979~1980년	1982년
	▼	▼	▼
	라몬 막사이사이상 수상	변호사 자격 회복	남편 정일형 영면
	여성백인회관 기공식	군사 법정에서 김대중 변호	가정법률상담소 해외지부 신설
	실형선고 및 변호사 자격 박탈		유네스코 인권 교육상 수상
		김대중 내란음모사건	
	3·1 민주구국선언	5.18 민주화운동	
		박정희 대통령 서거	전두환 정부

당시 가족법개정에 선봉장 역할을 했던 김영정 의원조차도 어려움을 털어놓았다. 그러나 그때마다 이태영은 굳건한 자신의 신념을 드러냈다.

"가족법개정이야말로 여성의 지위를 높일 수 있는 유일한 방법입니다. 구조가 바뀌어야만 사람들의 생각을 바꿀 수 있어요."

이태영은 오랜 시간 사람들의 '고정관념'을 바꾸려 했고, 가랑비에 옷깃이 젖듯 사람들의 인식도 점차 바뀌어 가기 시작했다. 1988년에 들어 그녀의 노력은 결국 결실을 이뤘다. 4·26선거로 구성된 제13대 국회에서 대폭 개정된 가족법이 통과된 것이다.

어머니가 떠나는 길 | 이태영의 자서전 '나의만남 나의인생'이 출간되고 수년이 흐른 시점이었다. 고령에 접어든 이태영은 노환과 그로 인한 합병증을 이기지 못했다. 그녀는 맏사위인 김흥한 변호사에게 가정법률상담소 소장 자리를 맡기고 물러났다.

1984년	1990~1995년	1998년
제1회 국제법률봉사상 수상(인도)	국민훈장 무궁화장 수여	12월 봉원동 자택에서 영면
테레사 수녀와의 만남	제1회 자랑스러운 서울대인 선정	국립묘지에 안장
	제1회 자랑스러운 이화인상 수상	

노태우 정부   김영삼 정부

그녀는 과거를 회고하면서 "평생 굽이굽이 만난 분들의 도움으로 이 자리까지 왔다"고 겸양 어린 말을 전했다.

날씨가 쌀쌀했던 1998년의 겨울, 봉원동 자택에서 지내던 이태영은 이따금 어린 시절을 보낸 영변 약산과 어머니의 묘소를 떠올리곤 했다. 그리고 꿈을 꾸면 맨발로 나무에 오르고 진달래꽃 한 송이를 꺾어 즐거워하던 어린 시절로 돌아갔다.
그리고 12월 17일, 그녀는 이제 꿈속에서 깨지 않고 길고 긴 잠을 이어갔다.

"상담소 문을 열자마자 나를 5천 년이나
기다려왔다는 듯이 한 많은 여자들이 몰려들어
내 사무실은 곧 우는 곳이 되었어요."

이화여자대학교 안에서 치러진 장례식, 그녀의 삶을 회상하는 과정에서 고별사 속 육성이 울려 퍼지자 식장이 한층 더 숙연해졌다.
그렇게 이태영의 관은 그녀가 삶의 대부분을 바쳐 헌신한 가정법률상담소 앞에 잠시 머물렀다. 그리고 동작동 국립현충원으로 옮겨져 남편 정일형과 합장되었다.

당시 장례식을 찾은 이희호 여사는 오랜 지인의 죽음을 애도하면서 이렇게 말했다.

"아름다운 사람, 제가 선생님을 생각할 때마다 항상 속으로 되뇌는 말입니다. 수 세기 동안 내려온 불평등과 인습에 맞서 인류의 인권을 위해 선생님이 보낸 삶은 거듭 우리 사회를 아름답게 하는 것입니다."

국민훈장 무궁화장 수여 당시

가치 | Value |

　일제강점기부터 80년대 사이, 가부장적 관습과 법률은 오랜 세월 한국 여성의 사회적 활동을 제한했다. 당시의 사람들은 아들이 태어나면 기뻐했고 딸이 태어나면 아쉬워했다. 아들과 달리 딸은 '여자는 이래야 한다'는 말을 당연하게 들으며 성장했다.

　한 개인이 관습에서 벗어나는 일은 너무도 어렵다. 그러나 이태영 박사는 여성을 얽매는 굴종적 삶을 벗어나 스스로 자신의 인생을 개척했다. 어려운 여건에도 공부를 이어나가며 수석을 놓치지 않았지만, 일제로 인해 혹독한 고초를 겪으며 책을 내려놔야 했다. 그러나 해방 후에 늦깎이 법대생이 되어 가정과 학교를 오가는 생활을 이어갔고, 고등고시에 합격해 한국 최초의 여성 변호사라는 타이틀을 얻었다.

　이때 그녀가 자신이 이룬 성공에 만족하고 직업 변호사로서 살아갔다면 역사의 많은 부분이 변했을 것이다. 어느 날부터 변호사 사무실로 찾아온 여성들의 '하소연'과 '울음'이 그녀의 선택을 바꿨다.

"법의 보호를 받아야 할 여성의 권리는 없고
오히려 법 때문에 억울한 여인이 되어야 하는 것에 분노한다."

그렇게 이태영 박사가 설립한 법률상담소는 법을 몰라 억울한 일을 겪은 여성들이 조금이라도 고난을 덜고 밝은 곳으로 나아가기 위한 안식처가 되어왔다. 상담소 우편함에는 먼 지방에 사는 여성들이 보낸 편지들이 가득했고, 그중에는 해외 우표가 붙어있는 편지도 많았다. 시간이 흘러 상담소는 점차 남녀 모두를 위한 인권기관으로 거듭났고, 시대를 앞서가는 법률구조사업도 계속되었다.

그 결과, 2005년 3월 2일에 호주제의 폐지를 골자로 한 민법개정안이 국회를 통과하며 그녀의 노력과 끈기가 열매를 맺을 수 있었다. 그녀가 호주제 폐지를 주장한 지 53년, 그리고 세상을 떠난 지 7년 만이었다.

"여성의 권리란 '인간이 마땅히 누려야 할 권리'이다."

덕분에 사람들은 이태영 박사를 여성 운동가로 기억하는 경우가 많다. 그녀는 정치인 남편의 곁에서 독재 정권의 풍파를 겪었던 사람으로서 누구보다 '민주주의의 실현'을 위해 애쓰는 사람들을 돕고 싶어 했다.

처음 변호사 사무실을 열었을 당시엔 독재 정권에 맞서다 구속된 사람들의 가족이나 정치범으로 몰린 사람들을 위해 무료 변호를 해주었고, 또 김대중 전 대통령이 '내란음모 조작사건'으로 누명을 쓰고 재판장에 섰을 때는 증인으로 출석해 검사에게 호통을 치기도 했다.

"눈이 나빠 사람을 똑바로 보지 못하면
안경을 하나 더 끼우고 사람을 똑바로 보시오!
지금 자신이 무슨 짓을 하고 있는지 생각해 보란 말이오!
자식들한테 부끄럽지도 않소?!"

이처럼 이태영 박사가 중요하게 생각한 가치는 '사람'이다. 그녀가 정치적 폭압에 반대하며 싸웠던 일도, 가족법을 바꾸기 위해 온 힘을 다해 애쓴 일도, 그녀의 소소한 꿈도 모두 이 시대를 살아갈 '누군가'를 위한 일이었다.

이태영 박사의 이야기를 영상으로 보고 싶다면 ▶

참고자료

1장 유일한

본문

- 위대한 선각자 유일한 박사, ㈜유한양행
- 나라사랑의 참 기업인-유일한, ㈜유한양행, 1995
- 유일한 평전, 조성기, 작은씨앗, 2005
- 유일한 이야기: 십대를 위한 모델, 정혁준, 꿈결, 2016
- (정직과 나눔을 실천한 기업인) 유일한, 임정진, 작은씨앗, 2006
- (why? People) 유일한 = Yoo Il Han, 이재훈, 예림당, 2016
- 유한양행 공식 홈페이지
- 유한재단 공식 홈페이지
- 유한건강생활 공식 홈페이지
- 유일한 박사 온라인 기념관
- "유일한 [柳一韓]", 네이버 지식백과(두산백과)
- "유일한", 네이버 지식백과(만화로 보는 교과서 인물, 박상희·김덕영·이서윤)
- "유일한[柳一韓-민족자본 형성 기여", 네이버 지식백과(독립운동가, 이달의 독립운동가)
- "서재필[徐載弼]", 네이버 지식백과(두산백과)
- "한국의 생활사, 색옷과 흰옷", 네이버 지식백과(한국의 생활사, 김용만)
- "미국 염료상품이 왔습니다", 「동아일보」, 1928년 3월 5일 자 3면
- "유한양행 약품 광고", 「동아일보」, 1928년 7월 9일 2면
- "네오톤 보제", 「동아일보」, 1930년 10월 15일자 7면
- 박성식, "[제약인 유일한 박사①~⑨] 프롤로그-시대를 초월한 국보급 스승", 「헬스코리아뉴스」, 2019.07.10~2019.08.14
- 편집부, "인물열전 유일한①~④", 「메디팜스투데이」, 2013.05.20~2013.06.12
- "유한양행 '사람을 건강하게 세상을 행복하게' 사회환원 지속", 「매일경제」, 2022.03.02

- 박재환, "'OSS요원' 유일한, 독립을 말하다", 「KBS 미디어」, 2017.08.15
- 박상하, "[한국기업상장사]〈20〉약·비누·생리대…동포가 원한건 뭐든 수입했다", 「아시아경제」, 2012.06.20

수록 사진
- '유한양행 홍보팀' 제공
- 유한양행 네오톤 토닉 광고지, 국립한글박물관(e뮤지엄)

2장 장기려

본문
- 장기려 : 마음까지 어루만진 의사(청소년 인물 박물관 2), 임정진, 작은씨앗, 2007
- 장기려 그 사람, 지강유철, 홍상사, 2015
- 바보 의사 장기려의 청진기, 박그루, 밝은미래, 2021
- 성산장기려기념사업회/(사)블루크로스 공식 홈페이지
- "장기려", 부산과학기술협의회, 과학선현기념사업,
- "장기려", 대한민국 과학기술유공자 카드뉴스
- "장기려", 우리역사넷
- "장기려", 더위키
- 김래주, "[특별기획] 성산 장기려, 그는 누구인가", 「위클리오늘」, 2013.07.09.
- 정주채 목사, "복음병원 사태 약사", 코람데오닷컴, 2006.07.09

수록 사진
- '성산장기려기념사업회 (사)블루크로스' 제공
- "중공군을 피해 얼어붙은 대동강을 건너는 피난민들", 크리에이티브 커먼즈
- "얼어붙은 대동강을 건너는 피난민들", 한국 국립중앙도서관
- "인천에 상륙하는 유엔군", 미연방정부
- "폭설을 뚫고 남하하는 피난 행렬", 미국 국립문서기록관리청

3장 이태영

본문
· 한국의 어머니 이태영, 허도산 지음, 자유지성사
· 남녀평등의 새 길을 연 최초의 여성 변호사, 이태영, 박지영 글, 뜨인돌
· 나의 만남, 나의 인생, 이태영, 정우사

수록 사진
· '재)정일형-이태영박사기념사업회' 제공